信息时代高校学生管理模式的转变及创新

刘青春　著

辽宁大学出版社
Liaoning University Press

图书在版编目（CIP）数据

信息时代高校学生管理模式的转变及创新/刘青春
著. —沈阳：辽宁大学出版社，2021.5
ISBN 978-7-5698-0273-3

Ⅰ.①信… Ⅱ.①刘… Ⅲ.①高等学校－学生－学校
管理－研究 Ⅳ.①G645.5

中国版本图书馆 CIP 数据核字（2021）第 010317 号

信息时代高校学生管理模式的转变及创新
XINXI SHIDAI GAOXIAO XUESHENG GUANLI MOSHI DE ZHUANBIAN JI CHUANGXIN

出 版 者：辽宁大学出版社有限责任公司
　　　　　　（地址：沈阳市皇姑区崇山中路 66 号　　邮政编码：110036）
印 刷 者：沈阳海世达印务有限公司
发 行 者：辽宁大学出版社有限责任公司
幅面尺寸：170mm×240mm
印　　张：9.75
字　　数：175 千字
出版时间：2021 年 5 月第 1 版
印刷时间：2021 年 5 月第 1 次印刷
责任编辑：郭　玲
封面设计：孙红涛　徐澄玥
责任校对：齐　悦

书　　号：ISBN 978-7-5698-0273-3
定　　价：54.00 元

联系电话：024-86864613
邮购热线：024-86830665
网　　址：http://press.lnu.edu.cn
电子邮件：lnupress@vip.163.com

前　言

　　高校学生管理是高校教育教学工作的重要组成部分，也是一门应用科学，是一项理论性和实践性很强的科研课题，它涉及政治、经济、文化、教育等诸多方面。现阶段，我国尚未真正形成高校学生管理工作系统性理论和科学模式。改革开放之后，各高校都十分重视学生管理工作，投入了大量的人力、物力和财力，在教育教学实践中认真贯彻党的教育方针，围绕学校培养目标，大胆创新，对高校学生管理工作改革进行了有益的探索，积累了许多经验，但也存在着许多问题。当前，对高校学生管理工作进行改革与创新，是高校实现培养合格人才目标的迫切需要，是高校学生管理工作实现科学化和高效化的迫切需要，也是 21 世纪推进我国高校管理体制机制改革和发展的必然要求。

　　在中华人民共和国第十二届全国人民代表大会第三次会议上，李克强总理在《政府工作报告》中首次提出"互联网+"行动计划，该行动计划旨在深入探究互联网技术优势，将信息技术与经济发展和社会生活的各个领域相结合，改变传统的产业经营模式，更好地推动资源开放，为人民服务。

　　当前，中国社会已经进入信息化时代，无论是网民数量还是网络经济发展速度，均堪称世界第一。可以说，"互联网+"在中国的迅猛发展，不但提升了传统行业层次，而且给每一个人带来了机遇、希望与挑战。就中国教育领域而言，"互联网+"意味着教育内容的持续更新、教育样式的不断变化、教育评价的日益多元。可见，中国教育正跨入一场基于信息技术的伟大变革中。

　　新时代背景下，高校各项管理制度创新亟须应时而变，高校学生管理工作关系到教学质量和人才培养质量。因此，探索新时代高校学生管理工作机制创新具有十分重要的现实意义。本书从我国高校学生管理工作实践出发，以高校学生管理的基本理论为依据，从高校学生管理理论、高校学生管理模式创新、高校学生管理队伍建设创新以及新时代背景下的高校学生管理工作创新等内容进行了分析研究，可供高校学生管理工作者阅读与参考。

本书共分为七章，从七个方面对高校学生管理工作进行了分析探讨。第一章主要对高校学生管理的概念、内容、特点、产生与发展进行了全面阐述；第二章主要对高校学生管理工作基本理论进行了阐述，介绍了我国高校管理的理论基础、组织模式以及未来的发展方向；第三章对高校学生管理权利及义务进行了探讨，提出了该项管理中的民事权利、高校学生管理权以及高校学生教育管理义务；第四章对学生管理模式的发展进行概述，分别阐述了高校学生人格化管理模式、社区化管理模式以及学生公寓管理存在的问题，并就学生社会实践规范化模式进行探讨；第五章阐述了高校学生管理队伍建设，提出了当前高校学生管理队伍中存在的问题以及具体解决办法；第六章阐述了信息时代对高校学生管理模式的影响，以及信息时代背景下高校教育教学模式的转变和高校学生管理工作面临的挑战；第七章从"互联网+"、大数据、"微时代"以及教育大众化等方面，对高校学生管理工作进行了创新性探索研究，这也是本书的创新之处。

在本书的写作中，作者参阅了大量相关研究成果，也得到了有关专家学者的悉心指教，在此表示诚挚感谢！由于时间、精力和研究水平有限，本书在撰写中难免会出现疏漏，恳请广大读者给予批评指正，以期不断完善。

作者
2020 年 9 月

目　录

第一章 高校学生事务管理概述

高校学生事务管理并不是中国土生土长的名词，而是从美国流传到中国的，随着高等教育事业的发展，高校学生事务管理对高校本身的发展产生了深远的影响。

第一节 高校学生事务管理的概念

一、高校学生事务管理的演变

高校学生事务管理的概念由来已久，在了解其定义之前，我们首先要了解几个与之相关的概念，以便更好地理解高校学生事务管理的内涵。

（一）学生管理与思想政治教育

从某种程度上讲，学生管理与思想政治教育有着密切的联系。下面我们就从另一个角度对学生管理进行分析。

作为教师，首先要清楚对学生进行思想政治教育主要是为了解决学生在思想与道德上的问题。上学时，最让学生记忆深刻的往往是德育教师，他们密切关注学生的一举一动，只要学生有违纪行为，就会立即对学生进行教育，让学生今后不再犯同样的错误，养成良好的学习行为。

（二）事务管理与学生工作

20 世纪 90 年代，与学生事务管理相关的管理工作相继产生，具体包括关于贫困学生的管理工作、关于学生就业的管理工作等。这一时期的学生管理并不是单纯地对学生进行管理，还包括对学生的教育。

随着时代的发展以及教育日益受到社会的关注，学生管理的任务增加了，主要体现在两个方面：一是人们迫切需要学校加强对学生的管理，以提高学生的成绩；二是社会责任让学校不得不加强对学生的管理，以保证学生在学校得到良好的教育。随着学生管理内容的进一步充实，学生的方方面面都被列入了学生管理的范畴。

我们必须要清楚，学生管理工作的各个方面并不是独立存在的，而是紧密联系，不可分割的，如果忽视任一方面，都会影响到学生管理工作的开展。

对学生工作的内容进行细致的划分，如图 1-1 所示，从中可以发现，学生管理工作的内容是非常丰富的。

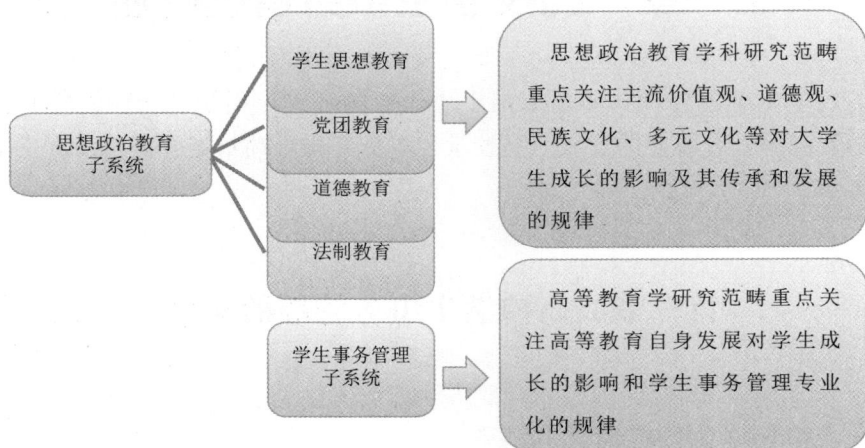

图 1-1　学生管理工作内容

二、高校学生事务管理新概念

（一）高校学生事务定义

高校学生事务是指高校为维持大学生正常的学习、生活秩序，促进其全面发展，实现高等教育培养目标，在教学过程之外所必须提供的具体事务，一般可分为管理性学生事务和指导与服务性学生事务。管理性学生事务主要涉及招生与学籍管理、日常行为管理、社团及课外活动管理、奖惩管理、资助管理、公寓管理、就业管理等；指导与服务性学生事务涉及学生干部培训、活动辅导、心理咨询、学务指导、就业指导、各类信息服务等。该定义包含以下几方面的含义：

（1）高校学生事务从内容上看，是相对教学内容来讲的；从时间上看，主要发生在课外活动的时间里；从空间上看，主要发生在教室之外的校园里。

（2）管理性学生事务强调的是按照规章制度面向全体学生进行规范化的工作。指导与服务性学生事务是按照一定的理论、技能支撑和规范的流程对学生进行个性化的指导工作，是由学生主动选择的具体事务。两者的分类是相对的。

（3）高校学生事务是以满足学生发展需要和适应人才培养规律为前提的。高校学生事务的开展并非以所有的学生都需要为前提，只要存在一定的学生需要且具有一定的社会保障条件，高校学生事务便可开展。

（二）高校学生事务管理定义

高校学生事务管理是指高校的专门组织和学生事务管理者依据国家的法律、政策和人才培养目标，在一定的学生事务管理价值观指导下，运用相关专业知识和技能，配置合理的资源，提供促进学生发展所必需的学生事务的组织活动过程。从这个定义看，其主要内涵包含以下几个方面：

（1）专业知识和技能是从事高校学生事务管理工作的基础条件。专业性和职业性是高校学生事务管理发展的内在要求。

（2）高校学生既是高校学生事务管理的出发点，也是高校学生事务管理的归宿。因此，促进学生发展是高校学生事务管理的核心价值和主要使命。

（3）高校学生事务管理的主体包括专门组织（学生处、校团委、院系学生工作组织等）和学生事务管理者。从纵向看，学校专门组织分为校院两级机构，学生事务管理者可分为高层（校领导）、中层和基层人员（如辅导员、相关科室人员）；从横向看，专门组织可按职能进行设置（如就业办、招生办、资助管理科、学籍管理科、公寓管理办公室等），学生事务管理者可分为专职人员、兼职人员，或由管理者授权、聘任的参与管理的学生及其他人员。

（4）高校学生事务管理组织活动主要指高校学生事务管理主体按照各自的管理职能，运用一定管理方法和资源所进行的实际活动。高校学生事务管理组织一般是由计划、领导、实施、评估等环节构成的封闭系统。只有如此，管理效率和质量才会大大提高。

（5）高校学生事务管理的客体指主体施加影响的人和事，包括学生和与之相关的学生事务。

第二节　高校学生事务管理的内容

一、高校学生事务管理的自身管理

（一）组织结构设置

在学生事务管理的过程中，管理人员能否有效地完成学生事务管理工作，关系着学生事务管理工作的成功与失败。因此，高校相关领导有必要为工作人员设计一套合理的组织结构，就是把学生事务管理进行分类，划分若干部门，并根据管理幅度控制原理，划分相应的管理层次，进行合理的授权，明确组织中的各种关系。有了明确的分工以后，管理人员才能在实际工作中更有效地面对所遇到的问题。一旦学生事务管理所处的内外环境发生变化或管理目标难以实现时，高校的相关管理人员就要通过一系列的措施对这种已经形成的组织进行调整，并且，还要在这样分工明确的组织中找到对应的管理人员，明确权责，对其工作关系进行评估和重新调整，以保证学生事务管理工作任务的完成。

（二）队伍建设

美国高校在 20 世纪中期就完成了学生事务管理专业化进程，比我国开始进行学生事务管理早了半个世纪。美国高校对不同岗位的管理人员的聘任和晋升都有明确的要求，一些专业协会和高校的某些相关专业还为从事这项工作的人提供职业培训。美国高校一般设有与学生事务管理相关的专业，其目的就是为学生管理领域培养相关的人才，以便学生事务管理事业能够更好地发展。就目前情况来看，我国的学生事务管理事业也正朝着专业化、职业化方向发展。学生事务管理者必须对学生状况分析、学生学习生活管理、学生活动和环境评价、经费控制及技术使用等技能了如指掌。

在队伍的建设方面，高校需要做的就是根据学生事务工作人员具体负责的事宜对其分类，并建立相应的职责准则，其目的就是更好地对学生进行管理，同时使管理人员进步。

（三）制度建设

对于任何团体、企事业单位或者私营单位来说，其内部都有相应的制度，首先其作为一项基本保障，保障人员的工作以及人身安全，其次它是约束人员工作的一项基本措施。该制度体系主要包括组织设计标准、管理职责、各岗位工作标准、工作程序、工作评估标准与程序、反馈制度等。在学生事务管理制度体系的运行过程中，高校应注意管理制度的实施、监督检查和持续改进等环节，从而保持制度体系的有效性。

这些学生事务管理制度一般要通过一定的程序，以规定、条例、手册、制度等形式公开发布。

制度建设还应有相应的工作评价。工作评价主要围绕各组织和管理者的职责、工作计划、专项任务进行考核，可分为年度工作评价、专项工作评价，也可分为机构评价、个人评价，其目的是检查学生事务管理的绩效和学生的满意度，以改进今后的工作，进一步有效利用资源，促进学生发展。

（四）信息化管理

现代科技的发展已经超出了人们的想象，人们生活在信息化时代。对于企业来讲，如果没有精确的数据，没有相关的工作人员对其进行处理，企业的信息化传递是不可能实现的。对学生事务管理也是一样，信息化管理是信息系统以数据为中心进行事务处理的过程。数据是稳定的，而事务处理是多变的。

第一，开展学生事务信息化管理，要建立面向社会和学生的可公开发布与查询信息的信息系统，包括学生事务的公告、通知、新闻等的信息，学生工作制度，师生信息交流平台，学生基本信息查询，学生综合测评查询，学生奖惩信息查询，毕业生就业管理平台（包括毕业生、招聘、用人单位等信息的发布与查询）等。

第二，相关的领导和工作人员要建立起一个供学生事务管理人员、学校其他职能部门使用的内部信息管理系统，这个系统应包括学生工作办公自动化系统（应满足公文收发、流转、签发、归档等办公需求）、学生奖惩处罚信息维护、毕业生就业信息维护、学生工作考核与评价体系信息维护等。

（五）经费管理

充裕的经费是开展学生事务管理的保障条件之一。国外高校尤其是美国高校已建立起面向市场的多样化的学生事务管理经费筹措机制。目前，我国高校学生事务管理的经费主要来自高校的拨款。

筹措更多的经费是学生事务管理部门必须重视的问题。为此，我国高校应借鉴国外高校多渠道筹集资金的方法，引入社会资金（如社会捐赠、校友赞助、企业资金等）以增加资金总量。另外，对现有的经费分配使用进行科学化、规范化管理，避免随意性，力求做到合理有效地利用。

二、高校学生事务管理的具体内容

（一）招生管理

我们先做一个设想：一个学校，在一切准备就绪（指授课教师、管理人员、硬件设备等基础条件）的前提下，首先最需要做的就是招生，因为只有招收到学生，学校才能开始实施对学生的管理工作，才有后续的一些内容。

招生包括筛选可以入学的学生，调查并记录入学学生的基本情况，对准备入学的学生进行注册学籍等一系列工作。实际上招生人员在招生的过程中所扮演的是推销员的角色，其目的就是走出去为学校争取更多生源。在一些地区的学校，为了能更好更快地招收到更多的学生，还特意向招生人员教授市场营销课程。

（二）日常行为与奖惩管理

通过对各国高校管理情况的研究，我们可以发现一个共同的特点，那就是每所高校都将学生的日常行为管理放在了学生管理事务的范畴中。不管什么样的学校，每个班级中总会出现一些调皮的学生，在课堂上破坏教学秩序，不认真听课，导致课堂秩序混乱等。对于这样的学生，学校通常会对其进行警告，如果再有类似的情况发生会找学生谈话，但是当所有的措施都起不到相应效果的时候，学校就会联系学生的家长，与家长做相应的沟通，情节过于严重的可能会勒令其退学，以免对班上的其他同学造成更大的影响。

在对违反了相应纪律的学生进行处罚的过程中，学校需要遵循一定的程序，具体内容如图 1-2 所示。

图 1-2　处罚学生的程序

（三）入学辅导

新学校是一个全新的环境，与之前所在学校的各个方面都有很大的差别，还有一些学生选择的是外地的学校，如果南方的学生选择来北方的学校学习，首先不适应的就是当地的气候，南北方的差异比较大，南方的学生会受不了北方寒冷干燥的天气，北方的学生去南方的学校也是同样的道理，这就需要教师给予学生一定的关怀。另外，由于与之前所在学校的学习环境不同，新的阶段开始时，学生并不清楚自己要怎么学习，教师的任务就是帮助学生对这一转变进行调节，使学生尽快适应现在的学习和生活环境。

（四）公寓管理

说到学生公寓我们并不陌生，公寓是每名学生晚上休息的地方，在这个地方学生无话不谈。我们需要明确的是，公寓是学生的公共场所，在这个场所中我们不能只顾自己的感受，忽略其他人的存在，在别人准备休息的时候，为了不打扰其他人休息，我们就要将自己的音量放低，这是尊重他人也是尊重自己。教师的职责就是要培养学生养成良好的学习习惯，促使学生在这个环境中不断成长，养成良好的生活方式。

在我国的高校学生事务管理中，公寓管理的价值还未充分挖掘，这也许与我国高校偏重班集体建设有关，但随着后勤社会化和教学学分制的推行，这一状况今后会有显著改变。

（五）学生组织管理

当我们刚刚进入校园、融入这个大集体生活的时候，首先映入我们眼帘的是学校的各种社团组织，有时候我们还会见到这些社团深入到学生公寓去宣传，寻找他们的社员，以便能够使社团发展壮大。

对这些社团组织的管理也属于学生事务管理的范畴。为什么这么说呢？因为这些社团没有教师参与，都是学生自发组织的，这些学生都有一个共同的特点，就是都对他们所进行的这件事非常热爱，比如说篮球协会、英语协会、电脑协会等，他们对篮球、英语、电脑等有着满腔的热情，聚集在一起就是为了探讨如何才能在学校这个自由的空间内发挥他们最大的作用。

学校所能做的就是尽学校最大的可能为这些社团组织提供相应的场地，有条件的情况下，可以请专业的教师对其进行指导，不让其走弯路，在学校得到更好的发展。

（六）学生就业指导

学生在经过了几年的学习之后就会离开学校，正如一句话所说，"铁打的营盘流水的兵"，学校里的学生就像部队里的兵，每年都会招收来不同地区的"兵"，但是"部队"还是"部队"，永远都不会变，"兵"却每年都发生变化。学校就相当于部队这个营盘，一直在那里，等待新的学生到来。

学生毕业之际，学校的管理人员所要做的就是对学生的就业前景、就业方向进行分析。当前最繁荣的行业，在经过几年之后可能发展成什么样，现在的冷门行业再过几年之后会不会发展得比现在的热门行业还要繁荣，这就要求教师对现在的市场行情有一定的了解、分析，对学生进行相应的指导，帮助学生就业。

（七）学生资助管理

就目前我国高校的教育来看，学生在学校中学习时的花费相对来说还是比较高的，在我国一些较为偏远的地区，一些学生走出山区来到城市，在学校中的花费让他们在经济上很困难。高校中已经有一些相应的措施来保障学生学业的完成，那就是对学生经济上的资助。由于这与学生密切相关，因而有关学生资助方面的内容也被划分到学生管理事务中。

对学生的资助主要表现在四个方面，具体如图1-3所示。

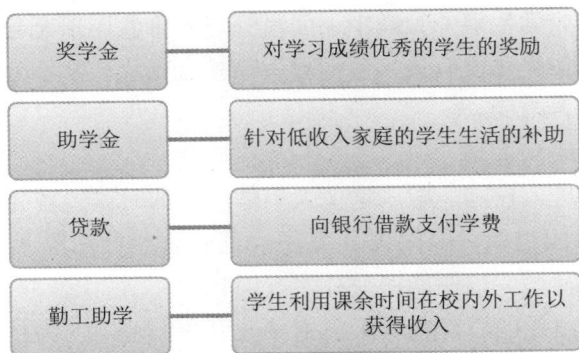

图 1-3 对学生资助的内容

以上就是现在高校中所设立的资助学生的一些措施，除了奖学金是学生的成绩决定的，其他三项都与学生在学校中的成绩没有直接联系，学生可以根据自己的实际情况申请。当然，除了上述工作内容之外，学生事务管理的内容还有很多，并且随着社会的发展，一些高校为了适应学生的需要，不断增加新的学生事务项目，如美国一些高校增加了诸如对艾滋病患者的管理，解决性骚扰、性暴力问题，以及消除种族、性别歧视等新的管理内容。

三、高校学生事务管理的特点

（一）科学性与艺术性

在管理学生事务方面，作为管理人员的我们在工作中要遵循一定的科学性，即了解学生的特点，明确科学的指导思想，在具体的组织活动过程中，制订科学的管理制度和工作计划，对学生实施正确、有效的教育、管理和服务，促进学生全面发展。

学生事务管理的客体既包括具体事物也包括学生，但最终要通过学生的发展体现管理的价值。大学生作为学生事务管理活动中最活跃、最重要的因素，宏观的科学管理不能解决全部问题，尤其在面对学生个性的差异、管理结果不可预知或难以量化时，必须结合管理的艺术性。学生事务管理的艺术性指将人的情感、友谊、自尊等非理性需要纳入学生事务管理思维中，并具有应对非常规、突发事件的随机应变的处理能力和面对不同特点的学生灵活发挥的管理艺术。

科学性是学生事务管理必不可少的基础。它注重客观数据、分析结论、程序化、规范、理性体验、同一性。科学性强调在学生事务管理过程中行为的严谨性、系统性和完整性，如同人的骨架和躯干给人体带来平衡和稳定。艺术性是一种思维的升华，如同流动的思想、神韵和血液带来活跃与发展，是一种个性化的管理。因此，在学生事务管理实践中，科学性与艺术性应并重。

（二）普遍性与特殊性

我们知道不管任何事物，其本身是一个统一的矛盾体，就像一个独立的人，既拥有其他人的一些共性，又拥有自身的特性。具体到学生事务管理，既有普遍性，又存在特殊性。

1.服务意识

学生在入学之后首先要做的就是熟悉学校的环境，学校的环境主要包括两个方面，一方面是自然环境，另一方面是人为环境。自然环境就是学校的分布状况，学生每天都要去上课，学生首先要明确上课的具体位置，不能临近上课还在匆忙寻找教室。

人为环境是指学生与教师及其他同学之间的熟悉程度，这时教师需要做的就是帮助学生熟悉身边的环境，帮助他们在学习生活中进行选择。教师要时刻抱着服务学生的心态帮助学生，这样才能使学生在一个良好的环境中快速成长。

2.管理的主要职责

对于学生事务管理来说，不同高校都有着相同的工作职责。通过对学生事务管理工作的进一步了解，我们可以发现，不同高校所具有的相同的管理工作职责基本上包括教育、管理、服务三个方面。

教育方面的工作职责主要指掌握学生的日常情况，其中包括对学生日常行为的约束；管理方面主要体现在对学生管理相关政策、制度的执行及执行程序的公正、公开；服务方面主要体现在对学生的主动干预和对需要帮助的学生提供支持。

3.学生的主体地位

我们应该都听说过一句话：在学校的教育中，教师居于主导地位，教育的主体是学生。从这句话中我们可以看出，在学校中，学生是我们一切工作的中心，学生在学校的发展是学校管理人员的基本出发点。

另外，各国的教育发展都有其本身的特殊性，国情的需要、历史文化背景的不同以及各国之间社会环境的差异所导致的管理方面的理念有所不同，这就是我们所说的特殊性。即便是在同一个国家的不同地区，由于学校的发展状况不同，在学生管理方面也会有着明显的差异。我们对学生管理差异的表现做了相应的总结，其特殊性主要表现在以下几个方面：

（1）强调党对高校学生工作的领导，实施党政合一的两级管理模式。党委是高校学生工作的领导核心。高校要建立和完善党委统一领导、党政齐抓共管、专兼职队伍相结合、全校紧密配合、学生自我教育的领导体制和工作机制。

（2）采用主动干预式的学生事务管理方式。西方国家的学生事务管理主要采用"窗口服务式"，在学生需要的前提下，为找上门来的学生提供服务，学院很少有学生事务管理专职人员。我国高校在院系基层设有学生工作副书记和专职辅导员，他们在日常生活中直接与学生建立密切联系，主动介入学生的学习和生活，开展各种教育管理工作。

（3）重视班集体的建设和管理。班级是中国高校最基本的学生组织。从入学到毕业，每一位学生都有与自己发展紧密联系的班集体。这与西方高校学生以社团或公寓为基本组织有显著的区别。班级组织是学校教育、管理和服务的基本单位，也是学生事务管理的主要载体之一，它一般设有班委会和团支部两个组织。我国高校为所有的大学生提供住宿，这是不同于西方高校学生事务管理的一个特点。在高等教育大众化和发展学生个性的教育目标中，学生社团组织作用日益显著，但班级组织仍是学生事务管理者必须重视的学生组织，其教育和管理价值仍是难以估量的。

（三）教育与管理双重属性

学生事务管理实际上是帮助学生探索价值理念，正确处理个人与集体的关系，约束自己的行为，明确职业发展目标。即使是处罚违纪的学生，也应以教育学生为出发点。大量服务性事务管理也是根据学生需要和不同的成长阶段要求，为学生提供专业的服务及设施，以帮助学生成长。因此，高校学生事务管理传承、发展了大学文化，对学生起到了潜移默化的教育作用，实现了教育属性与管理属性的融合。

正是基于这一特点，高校学生事务管理者并不是一个单纯的身份，他们在学校中所扮演的不仅是领导者，还是管理者，更重要的是他们还是教育者。从这一点上看，学生事务管理者要按照大学的人才培养目标，不懈地从事促进学生发展的工作；作为领导者，学生事务管理者必须把具体事务的要求与配置和分配合理的人力、设施、经费等协调起来，以促成学生事务管理使命的实现；作为管理者，他们必须合理地运用人力资源、物质资源和管理方法，确保其他相关工作的顺利实施。

第三节　我国高校学生事务管理的产生与发展

一、1978 年—20 世纪 80 年代中期

党的十一届三中全会以后，在国家一步步的精心布置下，我国的文化事业

得以重建，在我国特殊国情的基础上，开拓了一条符合中国社会国情的发展道路。最开始我们主张的是"学生政治思想工作"，从这几个词语的顺序上来看我们就可以发现，之前工作的重心在思想工作上。之后，国家提倡将学生教育的主张改为"学生思想政治工作"，如果将前后四个字分开理解的话，"学生思想"主要解决的是学生在思想方面的问题；"政治工作"很明显建立在"学生思想"的基础之上，换句话来说，这一时期的政治工作的内容就是学生的思想工作。

1978 年是我国改革开放的开始，这一伟大的举措使外界各种先进的技术以及先进的思想进入我国，从某种程度上说，丰富了我国学生的思想，使我国对学生的管理比之前更加严格。其严格主要表现在我国出台的一些相关的政策文件上，这些文件的出台对当时的管理起到了非常重要的作用。

这一时期的管理与之前类似，但是在一些关键点上有所不同，主要表现在以下几个方面。

（一）管理机构

这一时期，学生管理机构并没有独立，而是归属于学生人事处。从某种程度上说，这为其工作的开展带来一定的局限性，不利于对学生的管理。

（二）学生管理特点

学生在学校里有一定的生活补助，这段时期的学生工作内容较为单一，主要是党团教育活动、班集体活动、文体活动，并以严格管理学生为原则。

（三）重新确立德育地位

在之前的管理中，一直都是由教育政治统率，政治目的是我们做任何事都需要遵循的根本目的。改革开放以后，政治的绝对地位与德育的比重发生了一些变化，德育开始变得重要，这也使我国从这时候起开始了一种新的学生工作管理模式。

（四）辅导员制度

当时对辅导员没有特殊的要求。有的辅导员从优秀毕业生中选拔出来，有的是从其他岗位上调派过来的。

二、20 世纪 80 年代末—20 世纪 90 年代

1985 年，中共中央颁布的《中共中央关于教育体制改革的决定》（简称《决定》）总结了中国教育发展正反两方面的经验，特别是中国共产党第十一届中央委员会第三次会议以来教育改革方面的经验，指出了中国教育体制改革的战略目标，确定了教育体制改革的根本目的和指导方针。《决定》要求改革高校

的招生计划和毕业生分配制度，扩大高校办学自主权。即改变高校全部按国家计划统一招生、国家统一分配毕业生的办法，实行在国家计划指导下，由本人选报志愿、学校推荐、用人单位择优录用的制度。此后，按照《决定》指明的方向，各高校循序渐进地开始进行毕业生分配制度的改革。

1992 年 10 月，中国共产党第十四次全国代表大会提出了要加快改革开放和现代化建设的步伐，建立社会主义市场经济体制的重大决策。1993 年，中共中央、国务院发布了《中国教育改革和发展纲要》，明确了 20 世纪 90 年代到 21 世纪初我国教育发展的目标、战略、指导方针和许多重大政策措施，提出高校毕业生就业改革的目标是逐步把由国家统一安排高校毕业生就业的制度，过渡到在国家就业方针、政策指导下，逐步实行毕业生自主择业，用人单位择优录用的双向选择的就业制度。1994 年，国家教育委员会（今教育部）发出的《关于进一步改革普通高校招生和毕业生就业制度的试点意见》提出，逐步建立起学生上学自己缴纳部分培养费用、毕业后多数人自主择业的机制。从此，中国高等教育也按照适应社会主义市场经济体制的要求，开始了高等教育新一轮的改革。

这些改革的措施包含了学校工作各个方面，我们对其进行了相应的总结，主要有以下几个方面内容，具体如图 1-4 所示。

管理体制	实行三级办学，二级管理体制，给高校办学的自主权
招生、就业	学校拥有自主招生权，学生自主择业
缴费体制	由学生免费入学改为学生收费上学
办学体制	采取"调整、共建、合作、合并"等办法达到资源互补
管理体制	实施"985工程"与"211工程"、重点投资建设等
投资体制	国家拨款为主，多方筹资，鼓励个人捐资，社会团体办学

图 1-4　改革措施

紧接着国家又颁布了一些与高等教育相关的法律和条例，在这样的背景下，高校学生工作发生了许多深刻的变化，并呈现出一些新的特点，主要表现在以下几个方面。

（一）管理范围的变化

工作内容的范围与之前相比扩大了很多，最初我们只是停留在学生管理的表面阶段，发展到这一时期，学生工作的内容已经涉及学生的工作，这对于学生管理来说是以前从来没有接触过的，是全新的内容，当然在这些全新的内容中，有一些是之前本来就存在的，只不过是没有显露出来。

现在毕业的学生从来没听说过哪所学校会负责管理学生毕业以后的工作，但是在这一时期之前的很长一段时间内，从学校毕业的学生都要到毕业分配办公室去，其目的就是等待分配工作任务，毕业之后根本不用像现在一样担心没有一份可以供自己生活的工作。在经过一系列改革之后，这种包分配的办公室同时进行了改革，被变更为就业指导办公室，这样做的目的就是培养学生适应社会的能力，为其毕业后找工作奠定基础。

此外，国家相关部门还出台了相关政策，对就业指导工作人员的职责进行了具体划分。

（二）工作地位的变化

在此之前，学生工作都是与学校的普通管理工作混合在一起进行的，从这个时期开始，学生管理工作开始独立出来，成为一个独立的个体，其工作的程序也逐渐趋于系统化。

（三）强化管理人员培训

这一时期，学校逐渐开始对学生管理者进行系统培训，培训主要包括知识与技能两个方面，其目的主要是通过系统的培训，使管理者更加善于对学生进行管理。

（四）强化学生团体管理

在此之前，除了由学校教师直接干预的学生会之外，学校很少有独立存在的学生团体。在这之后，由于政策的出现，学生团体也在这一时期大量出现，学生自我管理的能力逐渐加强。

三、20 世纪 90 年代末—21 世纪初

1998 年，我国开始连续扩大招生规模，高等教育发展进入了一个新阶段。我国高等教育全面实施市场化的大学生就业制度、高等教育成本分摊与后勤社会化制度，大力加快高等教育大众化步伐，同时大学生就业压力日益增加，信息化和全球化等对高校人才培养产生全面影响。这都使高校人才培养模式和管理模式发生了深刻变化。

进入高校的经济困难学生人数增加，亟须建立完善的"奖、贷、助、减、免"的资助体系。为此，教育部、财政部在 1999 年下发《关于进一步加强高校资助经济困难学生工作的通知》来改善这种状况。

由于经济、学习、生活、就业压力的增大，出现心理障碍的大学生日益增多。2001年，教育部颁发的《关于加强普通高校大学生心理健康教育工作的意见》指出，高校培育的学生不仅要有良好的思想道德素质、文化素质、专业素质和身体素质，而且要有良好的心理素质。2002年，教育部又下发了《普通高校大学生心理健康教育工作实施纲要》，强调在开展大学生心理健康教育工作中，要特别重视开展大学生心理辅导和咨询工作，并对高校心理咨询工作提出了更高的要求。

同时，随着高校不断扩招，大学毕业生人数逐年增加，就业压力不断增大。2002年，随着国家扩大招生后的第一批毕业生的到来，高校毕业生的就业压力猛然增大。为此，2002年2月，教育部、公安部、人事部及劳动和社会保障部紧急出台了《关于进一步深化普通高校毕业生就业制度改革有关问题的意见》；同年9月，四部门再次下发《关于切实做好普通高校毕业生就业工作的通知》。两份文件同时强调了做好高校毕业生就业工作的重要性，并提出要在中央、地方和高校三个层面形成招生、培养、国家经费投入与就业相互联系、相互制约、相互促进的管理运行机制。这两份文件的出台，使各高校的就业工作获得了前所未有的重视。几乎所有高校都成立了就业指导办公室或就业指导中心，归入学生工作处管理，其主要职责包括为在校生开设就业指导课，帮助学生确立择业目标；收集和发布就业信息；传授就业技巧，提供与就业相关的咨询和培训，与用人单位联合召开就业宣讲会和毕业生招聘会等。

学生事务管理专职人员的素质不断提高，学生事务管理制度得到完善。各高校通过选留硕士毕业生担任专职辅导员，鼓励原有低学历的学生事务管理者攻读研究生课程班或学位班等方式，大大改善了专职学生事务管理者的学历结构。

学生事务管理有了较为鲜明的理论基础。在马克思主义关于人的发展学说和我国教育方针的指导下，我国高校广泛吸纳思想政治教育学、高等教育学、高等教育管理学和心理学等学科的研究成果及西方有关大学生发展的理论，逐步丰富了学生事务管理的理论基础。在实际工作中，开始重视对学生特征、学生思想的研究，注意考虑学生的心理需求和尊重学生个人的正当利益，在重视对学生进行规范和控制的同时，开始形成为学生成才服务的管理观念。

对外的学生事务管理交流、培训和研讨开始增多，各种研讨会、国外高校访问学习、国际学术会议为学生事务管理新理念、新发展的传播提供了良好的交流平台。

四、2006 年至今

随着我国高等教育迈入大众化阶段，其发展方式逐渐从规模和数量扩张转向质量的提高。党中央、国务院明确指出，"十一五"期间，要把高等教育发展的重点放在提高质量上，适当控制招生增长幅度，相对稳定招生规模，着力培养学生的社会责任感、实践能力和创新精神。2007 年，教育部、财政部联合下发文件，决定实施"高校教学质量与教学改革工程"。同时，教育部下发了《教育部关于进一步深化本科教学改革全面提高教学质量的若干意见》，号召全面提高高等教育质量，努力办好让人民满意的高等教育。可以说，提高质量已成为中国高等教育的时代主旋律。

作为高等教育的有机组成部分，高校学生事务管理的高质量也成为高等教育的重要目标之一。要提高高校学生事务管理质量，就必须实现高校学生事务管理专业化的发展。这也是西方发达国家高校学生事务管理的历史演变给予的有益启示。同时，在社会主义市场经济条件下，用人单位对毕业生提出了更高的素质要求；全球化、信息化背景下的开放办学对如何教育、引导和服务大学生也提出了新挑战。社会经济和文化水平的发展变化及高等教育自身所进行的种种变革，使高校所处的生态环境中处处隐含着众多可变性和未知因素。这项工作本身便具有不可预测性，在上述背景下已显露出明显的不足，无论是管理意识、工作机制，还是队伍建设和资源配置，都呼唤着朝专业化的方向变革与发展。

可以说，我国高校学生事务管理正日益走向专业化全面发展时期，并呈现出如下几个方面的特点：

（1）学生事务管理的机构更为完善，管理与服务内容也进一步拓展。学生课外活动内容也日益多元化。

（2）确立了学生事务管理"以人为本"的理念和较为系统的理论基础。学生事务管理的使命更为明确清晰。

（3）学生事务管理学科建设逐渐开展。部分高校逐步开始在高等教育学专业下设立学生事务管理研究方向，并招收研究生；组织成立相应的学生会组织，并经常举办学生事务管理相关内容的研讨会。

总之，经过 40 多年的发展，我国高校学生工作逐渐从单纯强调思想政治教育转变为教育、管理和服务并重，学生工作体系也由单一的思想政治教育演变为由思想政治教育和学生事务管理两个子系统构成。在这一过程中，高校学生事务管理专业化水平有了很大提高。

第二章　高校学生事务管理的理论基础

高校学生事务管理在我国存在的时间相对来说还不是很长，但是经过一系列的改革以及对西方发达国家学生事务管理的借鉴，已经形成了一套自己独特的管理模式与管理理论。

第一节　高校学生事务管理基本理论

一、高校学生事务管理的目标

在我国，高校学生事务管理的基本目标是通过非学术性事务和课外活动的组织指导和管理，对学生施加教育影响，以规范、指导和服务学生，丰富学生校园文化生活，促进学生健康成长成才。

二、高校学生事务管理的任务

高校学生事务管理受诸多因素的影响，如学校的传统、历史、文化、办学目的、地理位置、师生构成等。尽管如此，对于我国大多数高校来说，学生事务管理的任务是相似的，一般分为针对学生、学校、社会的三类任务。

（一）学生

对于学生来说，高校学生事务管理的任务主要包括以下几个方面：

第一，要帮助学生学会选择，并且在对正确的事物进行选择之后还要对其进行相应的判断。

第二，要在学生学习的过程中帮助学生，当学生需要一些有助于学习的学习资料时，教师要善于发现和解决这些问题；当遇到有学生因为家庭贫困而在生活、学习中遇到困难时，可以向学生推荐申请奖助学金，以帮助学生顺利完成学业。

第三，要帮助学生在其求学的道路中确立人生奋斗的目标，促使学生在学校努力完成学业，获得进一步发展的机会。

第四，要帮助学生成功地适应大学生活，鼓励学生养成健康的生活习惯。

第五，要帮助学生在生活与学习中处理好人际关系，这对于学生日后工作中的交际十分重要，帮助学生学会在遇到困难时冷静思考解决问题的办法，而不是抱怨为什么问题会出现在自己身上。

第六，要为学生的全面发展提供各种平台和机会。

（二）学校

对于学校这个系统来说，高校学生事务管理的任务主要包括以下几个方面：

（1）对学生的受教育情况和社会实践进行评价，以改善学校的工作。学生事务管理部门应当经常向高校其他主管部门反映学生的学习、生活和课外活动等与学生培养质量、管理服务水平有关的情况，旨在更好地培养人才。

（2）要通过执行和完善学生行为准则来体现学校的价值观念。要求学生做什么和不能做什么，反映学校的价值观念。学生事务管理部门在执行和修订学生守则时，也就把学校的办学指导思想和价值观念具体化了。

（3）要对学校的一些相关的事务进行管理，当然在这个过程中，学校会根据相关的政策做出一些决定，学校需要对这些已经形成条文的决定承担相应的责任。

（4）要通过相应的措施加强对学生的管理，同时要加强对学校财力资源的管理。

（5）应及时解决任何可能发生的突发事件，为学校排忧解难。

（6）既要做到对学校办学目的的维护，又要向外界宣传学校的办学理念及相关政策。

（7）要鼓励教师和学生加强相互联系，帮助教师处理好师生间关系。

（8）要制定有助于校园安全和稳定的政策和方案，维护学校的稳定。

（9）积极从事学术和专业活动。这里的学术和专业活动主要指学生工作的学术和专业活动，目的是让学生管理工作人员在自己的工作领域成为专家。

（10）鼓励和协助学生参与学校管理。在校园里，凡是涉及学生切身利益的方针政策的制定，都应当有学生参与讨论。

（11）在学校制定或修改方针、政策时，提供有关学生情况的信息。

（三）社会

对于整个社会来说，高校学生事务管理的任务主要包括以下几个方面。

1.树立法治观念

我们现在的社会是法治社会，在这样的社会条件下，我们每个人都必须树立法治观念，从而保证社会秩序的正常进行。

我们都知道《中华人民共和国宪法》是我国的根本大法，其他法律条例的制定、颁布和实行都是在《中华人民共和国宪法》的基础上的，因此学校有必要让学生了解国家法律的重要性，增强学生的法治观念，培养学生具有较强的道德判断和选择能力。

2.了解中国国情

学校有必要让学生了解中国国情，以使学生更具民族使命感。更多地了解国情还能使学生将个人利益与民族利益联系在一起，心怀国家利益投入到社会工作中，能促使学生为社会多做贡献，促进社会的全面发展。

3.学习马克思列宁主义

马克思列宁主义在中国传播时间已久，我国历代领导人都是在马克思列宁主义的思想领导下进行决策，它是我国发展的根本理论依据和指导思想。

4.理解党的基本路线

帮助学生正确理解和坚持党的基本路线，坚持以经济建设为中心，坚持四项基本原则，坚持改革开放。学会识别和抵制各种背离党的基本路线的错误倾向，拥护中国共产党的领导，走中国特色社会主义道路，增强"四个意识"，坚定"四个自信"，做到"两个维护"。

三、与高校学生事务管理相关的理论

（一）校园环境理论

1.结构组织模式理论

绝大多数人生活在有明确目的性的环境里，例如教室、办公室、服务中心等。"如何组织""如何实现目标"和"谁来负责"等问题，决定了环境影响的有效性，在实现目标的过程中必然要做出一系列的决定，这就必然涉及如何使用各种资源、应该遵循什么规则、如何营造氛围吸引人们的注意力等问题。

结构组织模式理论认为，组织环境的动态或静态特征会影响参与者的士气。高校这样一种教育环境也会影响学生的行为与情感，高校管理所呈现出来的这种具有动态性质的组织模式形成一定的结构类型。大学是一个动态的教育机构，大学里众多的部门和单位都要不断提高自身适应环境变化的能力，以满足学生个人发展需求。

2.物理模式理论

物理模式理论认为，所有环境都具有自然的和人造的物理特征，影响着置身其中的人们的行为。物理特征主要包括建筑设计、空间、距离等因素，这些因素通过光线、温度、空气质量、设施、人口密度等条件，对人们的注意力和满意度造成了巨大影响。物理环境不能直接影响特定的行为或态度，必须与其他因素共同产生影响。

物理特征在某种程度上影响了校园环境对学生的吸引力和学生对校园环境的满意度。现代大学越来越注重人群密度、学生的私密空间及空间的舒适度，不仅要考虑学生的容纳力，还要考虑不同学生对于空间的不同感受。教师和学生事务管理者在与学生互动的时候，对空间条件的重要性要有足够的认识，如学生社团办公室的大小、学生公寓的容量、心理辅导办公室的布置和陈设等。

3. 人与环境互动理论

人与环境互动理论主要是解释包括物理环境和人文环境在内的特定情境，以及特定情境对学生发展的影响。高质量的大学教育来源于个人和环境的互动，无论是学校的独特校园文化，还是校友的成功传奇故事，以及大学组织传播的价值观，都直接影响了学生的人生观、价值观及行为方式。

此外，学生应对环境的作用能力是大学的培养目标之一，学生学会创造、选择和超越环境是大学的培养成果。为了促进学生个体的成长，必须尽可能保持人与环境之间的连续性，教师、学生事务管理者和其他学校机构应该联合起来，为创造、保持、改善积极正面的校园环境而努力工作。

（二）学生发展理论

学生发展理论借鉴了学习理论、组织行为学、人口统计学、教育哲学、管理学、组织发展等各方面的理论。高校把学生发展理论作为设计辅助课程的指导纲领，能使学生的学习过程更有方向性和目的性。

1. 人格类型理论

正如我们所看到的，我们生活范围内的每一个个体之间都有着明显的差别。首先是人的外貌，这是区别个体的首要条件，"不见其形，但闻其声"，从这句话我们就能看出来，虽然我们没看到说话的人出现在我们的视野范围之内，但是他说话的声音传入我们的耳朵，我们可以通过声音来判断这个人是谁。因此，除了观察外貌，声音也可帮我们分辨出不同的人。从本质上来说，我们对类型不做优劣的评价，任何事物的任何一种类型都有一定的积极意义。

类型理论认为人类行为的变化不是随机的，而是由人类认知功能的先天差异决定的。这种差异体现在生活的很多方面，比如，人们如何接收和加工信息、如何学习以及如何激发他们对不同活动的兴趣等。类型理论增强了人们对大学生学习的理解。学生之间都是存在一定差异的，高校通过对这些差异的对比与联系，能够很好地帮助学生发展其他方面，同时也便于管理人员对他们的理解。这种类型的理论在对学生进行分组、调解矛盾、帮助学生在活动中彼此了解等大有裨益，对学生发展咨询顾问、大学互助会和校友会的组织者具有重要的意义。而霍兰创立的职业选择理论，着眼于研究与了解学生个性和环境的关系，也经常用于帮助学生进行职业规划。

2. 学生工作理论

从我国高校管理工作的内容上来看，高校管理工作直接指向学生，并且不是漫无目的，而是有一个系统的计划，从而能够更好地为学生提供各种服务，提高学生的综合素质，时刻提醒、教育学生向好的方向发展。

从总体上来看，高校引导学生进行的正确的教育行为主要包括三个方面，具体如图 2-1 所示。

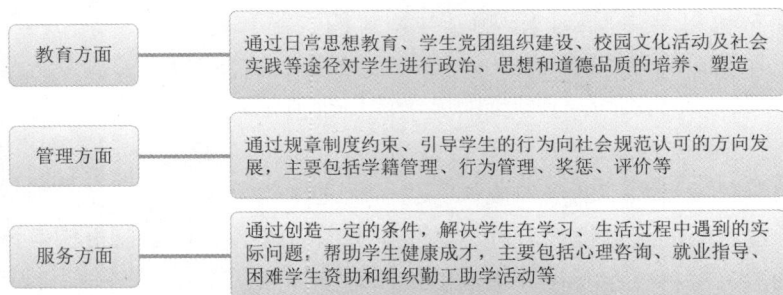

教育方面	通过日常思想教育、学生党团组织建设、校园文化活动及社会实践等途径对学生进行政治、思想和道德品质的培养、塑造
管理方面	通过规章制度约束、引导学生的行为向社会规范认可的方向发展，主要包括学籍管理、行为管理、奖惩、评价等
服务方面	通过创造一定的条件，解决学生在学习、生活过程中遇到的实际问题，帮助学生健康成才，主要包括心理咨询、就业指导、困难学生资助和组织勤工助学活动等

图 2-1　正确教育行为

由于我国在教育方面与西方其他国家相比起步较晚，因而我国可以借鉴西方国家先进的理论以及实践成果。当然还有一些国家的学者将他们的研究成果带到我国，使我国的教育事业得到了进一步提升。

相对而言，西方国家所推崇的学生事务管理与我国所推行的学生工作有着一定的共通性，但是两者的侧重点是有差异的，具体差异的表现如图 2-2 所示。

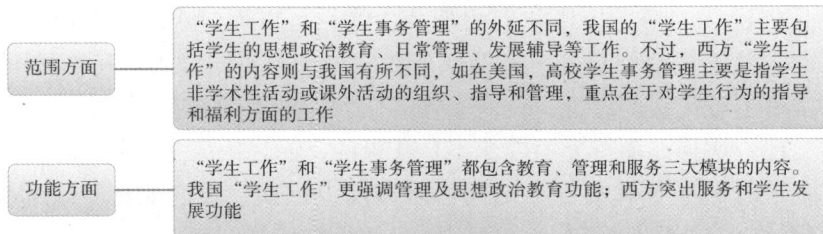

范围方面	"学生工作"和"学生事务管理"的外延不同，我国的"学生工作"主要包括学生的思想政治教育、日常管理、发展辅导等工作。不过，西方"学生工作"的内容则与我国有所不同，如在美国，高校学生事务管理主要是指学生非学术性活动或课外活动的组织、指导和管理，重点在于对学生行为的指导和福利方面的工作
功能方面	"学生工作"和"学生事务管理"都包含教育、管理和服务三大模块的内容。我国"学生工作"更强调管理及思想政治教育功能；西方突出服务和学生发展功能

图 2-2　中西方学生管理差异所在

通过上述对我国与西方在学生管理方面相关内容的对比可以发现，两者在范围上有着明显的区别，即西方国家所实行的学生管理的范围要大于我国的学生工作范围。在研究中，人们要始终遵循求同存异的精神，尽量忽略两者概念的差异，研究在我国环境下隶属于同一范畴的内容。

3.心理发展理论

在现实生活中，很多时候是心理因素引发行为的。原本没有那么大的事，但是一个人如果始终纠结心里的感受或者别人心里的感受，那么他就不容易释怀。在不同阶段会出现不同的问题，在不断成长及发展中，人们可以解决不同阶段面临的问题。

心理发展理论把"学生个体的发展"作为分析和思考学生需求和反应的出发点，对学生事务管理专业人员有着重要的参考价值。心理发展理论认为，学生生理发展和智力发展的不同阶段可能会遭遇到挫折和障碍，经过系统训练的学生事务专业人员可以应用心理发展理论指导具体的教育实践。

4.认知结构理论

和上文中所说到的心理发展理论有相通的道理，认知结构这一理论的主要关注点不是人们思考什么，而是人们如何思考，强调遗传和环境在智力发展中的重要性，并提出了智力发展的若干途径。该理论认为人的认知结构总是按照一定序列发展的，对学生事务中的学术咨询具有一定的影响。从近几年的发展情况来看，认知结构理论主要研究智力发展和道德发展，并开始关注认知发展中的性别差异问题，而对人格和社会能力少有涉及。在学生发展问题上，传统的理念是以社会为主体，以社会化为目标来塑造学生的。现代的理论则突显教师和学生两个主体，强调学生是发展的主体。因此，高校应把智力发展、价值塑造、人格养成等视为学生发展的基础问题。

第二节 高校学生事务管理组织模式

一、外部事务型模式

外部事务型模式的高校尽管不完全排斥学生非学术性的课外活动及其管理，但将这部分工作减少到最低限度。除了部分私立学校从吸引生源的角度开展了一些就业指导活动外，绝大部分学校的学生事务管理仅仅包括学生的招生和学籍管理。

由于外部事务型模式的学生事务管理机构不从属于相应的高校，因而其提供的服务内容主要包括后勤服务和社会福利服务两个部分。后勤服务主要包括餐饮和住宿。社会福利服务具体包括以下几方面：奖学金发放，提供学业、生活、心理等方面的各种咨询，收集和公布各种短期打工的信息，提供社会保险。

需要注意的是，实施外部事务型模式的高校同样也需要具备类似于内部事务型学生事务管理模式的一些功能，如心理辅导、就业指导等。而这些主要通过内部规模和功能相对单一的学生事务组织以及社会上的其他一些专业服务机构来实现。

二、内部事务型模式

内部事务型模式以美国、加拿大、英国和澳大利亚等国的高校为代表，因属于同一文化宗主国，也可将其称之为盎格鲁－撒克逊模式。新加坡、马来西亚、菲律宾等国家的高校学生事务管理基本上也可归入这一模式。由此可以看出，这一模式影响范围广泛。

采纳内部事务型管理模式的学校，普遍将学生事务视为高等教育过程中的重要组成部分，学校承担全部或大部分学生非学术活动或课外活动的管理职能。通常，这些学校都设有功能齐全的学生事务管理部门。在美国，这些部门往往直接由分管学生事务的副校长领导；在其他一些国家和地区则主要由学生事务长负责。

三、内外事务综合型模式

人们可以将上述两种类型的组织模式理解成两个极端，一个是极力推崇内部型的，另一个是极力推崇外部型的，两者各有各的优势，但是从某种程度上来说也有其限制发展的一面。因此，另一种较为中和的组织模式应运而生——内外事务综合型模式。这种类型的模式既综合了第一种类型的优点，又吸取了第二种模式的长处，可以说是一种更为合理的组织模式。

第三节　我国高校学生事务管理的理论基础

一、人的全面发展理论

我国在关于人的全面发展理论方面主要受马克思主义的影响。自 1949 年

10月1日后，我国便开始沿着马克思主义的思想前进，可以说人的全面发展理论在我国发展的进程中，马克思主义做了非常大的贡献。

马克思的理论中对于发展尤其是人的发展有多方面的内容，其理论的中心一半集中在全面上，剩下的一半集中在自由上，主张人们要自由地发展，并且要协调发展。只有当人全面地发展之后，其在各个方面的发展才是全面的，才能在现实社会中承担更多的社会责任，为社会的发展做出更多的贡献。

在现实社会的发展中，人都是存在一定差异的，这种差异可能表现在能力上，可能表现在天赋上，也可能表现在人在接触事物时的反应能力上等等。

总之，人与人之间能力的不同不是人们能决定的，人们不能期望每个人都像爱因斯坦一样聪明，虽然人们的起点是不同的，但同是身在这个社会的人，社会应该为人们提供同样的条件去发展这样的才能，只有当具备了一定的发展条件，人们才可能朝着这个方向不断发展。

二、传统文化思想的影响

这里所说的传统文化主要是指儒家学说，因为长期以来，中国传统文化的主流都受到儒家文化思想的影响。

（一）教育管理方式角度

从教育与管理的方法层面来看，传统文化倡导"学、思、行"相结合，注重人的可塑性，主张因材施教。在一段时间之内，因材施教的观点是非常被推崇的。在这种主张下，教师能够根据不同学生的不同特点，按照他们的接受能力来进行一对一的教学，这样不仅能够提升教学效率，还能够让学生在最短的时间内学习到更多的内容。孔子认为，"学、思、行"三者应紧密结合起来。"学"是人们获得知识最根本也是唯一的途径，只有通过学习，人们才能够将身上所具有的天赋发挥到最大；"思"就是在人们学习一段时间之后静下心来对这一时间段内所学习到的东西进行反思，回想一下在这个过程中都学到了什么，怎样才能将这些所学到的知识应用到实践中；"行"也就是人们所说的实践，说再多、学习再多也都是纸上的知识，不通过实践加以应用，那就是纸上谈兵，对人们自身的提高没有任何帮助。除了这三点之外，人们还要在学习的过程中做到"三多"。首先就是"多听"，为什么我们有两只耳朵一张嘴巴，就是让人们在学习的过程中，多用耳朵听，一只耳朵不够用，就用两只耳朵，而嘴巴只有一张，该说的时候多说，不该说的时候就好好听；其次就是"多看"，多看一些书籍，多看一些与人们所学习的知识相关的内容，对人们在学习过程中提高能力有很大的帮助；最后就是"多问"，遇到不明白的地方就要多问，孔子曾经说过要"不耻下问"，要做一个勇于发问的学生，这样才能在学习的过程中以最快的速度成长。

人们将上述所说的这些内容全部结合起来，在之后实践中加以应用，这才是真正做到了"学以致用"。从学习到获得再到实践的过程，是人们认识事物、学习事物、应用事物的过程。

同时，儒家强调通过谈话与个别观察了解学生的特点，分析学生的个体差异，在此基础上实施因材施教。这些反映在高校学生事务管理中，就是强调通过深入细致的教育引导工作，帮助学生树立正确的观念，在教育方法上强调循循善诱、以情感人，强调教育是一种引导和疏导的过程，追求循序渐进的功效。

（二）社会心理学角度

一种伦理型文化，倡导的是一种儒家关系主义背景下的"德治"。孔子就曾说："为政以德，譬若北辰，居其所而众星拱之。"又说："道之以政，齐之以刑，民免而无耻；道之以德，齐之以礼，有耻且格。"中国儒家文化的一个重要传统就是"德治"，根本上就是追寻以德治主义为理想的修己安人的管理模式。"德治"的管理思想是东方文化的产物，它是中华民族在长期改造自然、社会和自我发展的过程中积淀而成的价值道德和思维定式。德治主义是儒家管理思想的核心。"德治"包含两方面的意义：一是管理者本身必须具备仁心善性，是可建立仁政王道的政治思想；二是以道德作为管理力量的来源，规范组织成员的根据在于道德。前者是治人者必须有德，后者是以德治人。德治论以性善论为根基。"道之以德，齐之以礼"的"德治"，代表一种"自律"。自律的养成，依赖于教育的成功。

中国儒家文化的这一重要"德治"传统经过几千年的经验积累，其体系之完善，手段之多样，是十分罕见的，其深厚的历史积淀和强大的穿透力使它对人们的影响依然重大。因此，从文化根基来看，我国高校学生事务管理注重"德治"具有独特深厚的文化基础与丰富的精神内涵。

第四节　现代高校学生事务管理的未来

一、高校面临的现实情形

（一）教育理念亟须更新

新时代学生的特点和新形势的变化对高校教育工作者提出了新的要求，他们需要积极探索，寻找新思路、新方法，帮助学生树立正确的世界观、人生观和价值观，更加深刻地认识到肩负的责任和历史使命。高校学生事务管理工作要应对这些新形势，进一步转变理念。

1.培养专业化人才是关键

各行各业中都存在一些尖端的人才，如在一些企业的技术部门，会专门配有技术人才，在公司的某项环节中遇到困难的时候，只要他们出面，马上就能够解决，并且在一段时间之内都不会再出现这样的问题，这就是人才的重要性。

同样的道理，在学生事务管理中，高校也需要一些专业能力很强的人在对学生进行管理的过程中出谋划策、解决问题。从目前的形势来看，这种专业化的路线已经在计划当中，只不过我国暂时还没有找到一个切实可行的路线，这必须建立在我国国情的基础上，既不会影响大的决策，也能够促进教育事业的发展。在这方面我国可以借鉴美国的管理模式。相对来说，美国发展得较早，并且起点较高，我国可以借鉴其成果并根据实际情况进行调整，使其逐渐适应我国的发展状况。

到目前为止，我国高校尚无独立设立学生事务专业的记录，而是融合在思想政治教育、教育学等学科之中。目前已经开设的思想政治教育专业，在培养目标和内容上与学生事务专业口径不一致，因此不能替代学生事务专业。需要注意的是，学生管理工作队伍专业化、职业化并非单纯指学生事务专业。

2.主动学习研究是根本

自从第三次科技革命开始之后，我国的科技突飞猛进，首都北京也从原本的政治、文化中心发展到现在的政治、文化、科技中心，从这一点上人们就能够清晰地看出科技在我国发展中的重要地位。由于科技因素的影响，这一时期的高校学生无论是能力方面还是综合素质方面都比之前有了很大的提升，一方面是学生的知识储备量的变化，另一方面主要是社会压力的存在让他们不得不努力去进步，发展自身以提高在社会发展中的地位。但是这样的压力同时给他们造成了一定的影响。

由于学生在学校中的时间有限，在这有限的时间内如果学校不能充分挖掘学生的能力，就可能会导致他们在今后的工作中力不从心。通过对学校学生的相关调查可以发现，当高校组织学生参与到学生管理的相关事务中时，学生的积极性非常高。这个过程不仅锻炼了学生的领导才能，还使学生在与人沟通的能力方面有了很大提升，有助于学生的发展。

通过学生不断参与到学生事务管理中可以发现，在这个过程中学生提高专业能力的机会逐渐增多，并且还能够增加一些实习的机会，便于在今后的工作中加以应用。

3.规范管理服务是基础

学生的管理与学生学习文化知识方面的教育是明显不同的。在文化教育的课堂中，学生有一些不明白的知识，可以通过老师的讲解逐渐领会；短时间内理解不了的东西，等过一段时间，通过一些实践的观察、磨炼，可能就体会到这些知识的要点，从而更好地在实际中应用。

反观学生事务管理主要针对的是学生生活中的方方面面，其包含范围的广泛性让这件事变得有些困难。在对学生进行管理的过程中，高校在字面上总是习惯于用"管理"这两个字。其实，按照人们自身来说，谁都不希望自己的自由被束缚，所以与其说是管理，还不如说是服务，这样才更贴切，因为管理不得当的话，可能会适得其反。高校在管理的过程中体现人性化的服务，相信学生也会习惯于被"管理"。

（二）新时期大学生的特点

对于学校来说，学生的发展是学校的教育宗旨，这不仅是学校教育的目的，还是学校的培养目标。

学生在学习过程中一直处在成长与学习的状态，每一位学生都有其自身发展的特点，并且学生与学生之间所具有的特性也都不相同。另外，不同时代的学生所处的社会背景不同，因而他们所反映的时代特点也不同。人们从某一时期学生的表现中能够分析出这一时期的特点。

在这些特点中，有一些是需要人们发扬的积极的优点，同时也有一些消极的缺点。在成长的道路上，有一些学生可能会由于管理人员的疏忽而走上歪路，这是消极的缺点在作祟，这时学校的管理人员所要做的就是积极引导学生，使其朝着正确的方向迈进。

作为近年来大学生的构成群体，"80后"和"90后"由于受成长环境影响，在思想等方面与之前的学生相比有很明显的变化，确切地说，"90后"身上的这种变化比"80后"所呈现出来的变化要更明显一些。

1. 实践能力不足

很多学生对富含科技元素的东西特别感兴趣，并且他们会尝试各种方法来选取他们感兴趣的这些事物的相关信息。但是在一些实践操作上，他们却表现出力不从心的状态，他们的动手能力明显不如20世纪80年代以前的学生。

不仅如此，虽然"80后"，特别是"90后"的有些学生意识到了其在实践方面的能力较差，但他们却没有尝试通过一些有效的措施去改变，这是非常不可取的。

2. 心理承受能力不足

在这部分内容中，我们同样进行纵向对比。20世纪80年代以前的学生生活在集体中的时间比较长，特殊的社会背景以及家庭环境的影响使他们有一种共同的意识——集体的利益大于一切，更多地表现出的是个人服从于集体。

但是一些"80后"和"90后"却不是这样的，更确切地说，"90后"的这种表现更为突出。当他们在遇到一些事的时候，总是会站出来表达自己的观点与立场，虽然很可能这种观点是片面的，但是他们也会表明自己的态度，将自己的想法和盘托出。在当前这个复杂的社会中，只有这种无所畏惧的胆识是不够的，还必须要有过人的智慧与强大的心理承受能力。

当前社会每天都会发生很大的变化，这些变化中有一些是人们能够左右的，但还有很大一部分变化不在人们预想的范围内，人们心有余而力不足。在这强大的竞争压力下，学生首先要具备的就是强大的抗打击能力，这样才能在激烈的竞争中脱颖而出。

3. 个体差异明显

近几年的调查表明，高校学生发展的总体特征是积极、健康、向上的。他们拥护中国共产党的正确领导，热爱祖国，具有较强的社会责任感、强烈的民族自信心和自豪感。他们思想活跃，善于思考，接受新生事物快，关注国家社会大事，崇尚良好的社会公德，渴望良好的人际关系，呼唤诚实守信和感恩，注重个人职业理想。

与此同时，随着经济社会的发展，"90后"大学生在家庭背景、个性心理、理想追求等方面的差异越来越大，思想的多样性、差异性明显增强。大部分学生关心时事政治、关注国计民生，对祖国和人民怀有深厚的感情，但一小部分大学生重业务、轻政治，国家、民族观念淡薄，理想信念缺失；大部分学生能正确看待个人利益与集体利益、国家利益的关系，积极参与志愿服务等公益活动，但一小部分大学生却只讲个人利益，公德意识和社会责任感淡薄；大部分学生能自觉遵守道德和法律规范，展现出新时期大学生的良好风貌，但一小部分大学生唯利是图、不讲诚信、不择手段，个别甚至参与违法活动。

二、学生事务管理的变革

新形势下，针对这些变化和新要求，高校必须改变原有的工作模式，在学生事务工作上不断变革与创新，突破以思想政治教育为主体的学生工作传统观念，构建以综合型、服务型为特征的学生事务管理模式，进一步提升规范化、法治化、专业化的工作意识，积极培养一支适应学生事务管理工作模式的学生工作队伍。

（一）理念变革

1. 强化学生自主意识

教育的基本职能是唤起受教育者的主体意识，提高受教育者的认识水平，激发受教育者对基本价值的追求，发挥受教育者的积极性、自主性和创造性。人的发展，从根本上讲，就是人的主体性的发展。长期以来，我国高校学生事务倾向于把学生作为规范和约束的对象，强调的是学生个体对集体的服从，学生的主体地位很难得到保证。

尽管高校学生社团在活跃校园文化活动、培养学生能力等方面发挥了一定作用，但很少有社团对学校管理产生真正的影响。因此，我国高校学生事务要充分赋予校学生会及其他学生社团组织参与学校管理的权利，充分发挥其在学生自我教育、自我管理、自我服务、自我监督中的作用，赋予全体学生在管理中的知情权和发言权，有关学生管理制度的讨论应有学生代表参加。

2. 强化学生事务与学术事务融合

我国高校学生事务实行的是党委领导、行政为主的领导体制，采取学校和院系两级管理、条块结合的运行机制。这种体制和机制曾发挥过积极的作用，但随着高等教育大众化阶段学生事务专业化需求的不断发展，学生事务、学术事务"两张皮"的弊端日益突出。学生事务服务于"育人"这个中心，与学术工作合为整体，都以促进学生全面发展为目标。因此，学生事务和学术事务本质是相通的，不能也不该截然分开。结合我国高校的实际，探索学术导向与行政领导相结合的管理模式势在必行。高校要大力发展辅导员制度，特别要加大专业教师兼任辅导员的力度，增强学术事务与学生事务的沟通。除此之外，高校还要建立学生事务工作者与专业教师在学术指导上的合作机制，帮助学生解决学术问题。

3. 强化"以人为本"理念

我国高校学生事务多体现为社会本位、行政本位和学校本位，常常注重社会发展的需要和注重学校的现实需要，忽视学生个体的需要。确立"以人为本"的理念，其本质就是强调以学生为中心，尊重学生、关爱学生、相信学生和依靠学生，使学生事务的教育、管理和服务各项职能相互协调、相互补充，共同促进学生全面发展。因此，我国高校学生事务应该将"以人为本"，即"一切为了学生、为了一切学生、为了学生的一切"的理念落实到服务学生的机构设置和工作职能之中。例如，建立直接面向全体学生服务的"一站式"办事大厅（大楼），开展招生咨询、学籍查询、学业辅导、就业指导服务、心理辅导咨询、经济资助等"一站式"服务。此外，可根据各学校的实际，在学生公寓区设立服务中心，直接满足学生生活上的各种需求，将日常教育、咨询辅导等职能延伸到学生公寓区，在服务中实现管理，在管理中体现服务。

（二）实践变革

1. 重构管理模式

改善决策体制和运行机制都是在学生事务组织机构原有模式上的改进。现代组织的发展趋势基本上是从金字塔模式向扁平化模式的演进，组织的中间管理层被逐步弱化，通过拓展管理幅度、减少管理层次提高管理效率。随着教育理念的普及和被广泛接受，高校教学管理制度和培养模式变革已被提上议事日程。一些学者提出了一种新的机构设置模式——扁平型学生事务管理模式。

2. 完善工作准则

对于任何机构、企事业单位来说，在工作中都必须遵守一定的工作准则。俗语说，"没有规矩不成方圆"，如果在一个大的环境中没有一些固定的准则来约束人们，那么这个环境将会乱成一团，并且没有工作效率。

将我国与西方高校学生管理进行比较可以发现，西方国家高校学生管理事务的制度要比我国的健全，这与我国传统观念的影响是分不开的。我国传统观念重人治，对于法治的观念没有那么强烈，对管理中的一些条例并没有明确规定，很多时候事情处理得都比较急促，缺乏一套系统的管理机制。

因此，高校要对参与学生管理的相关人员进行管理，只有当这个队伍中有一套统一的管理系统之后，才能在这个权责范围内行使管理人员的职权，对学生负责。这样，当工作中某些环节出现问题时，高校才能将责任下放到人，从而更快地解决问题。

构建扁平型学生事务管理模式需要以下几个步骤，具体如图 2-3 所示。

形成"大学生工作系统"

↓

划归学生工作系统

↓

减轻院系学生事务工作负担

↓

建立以职能部门为主的一级管理工作机制

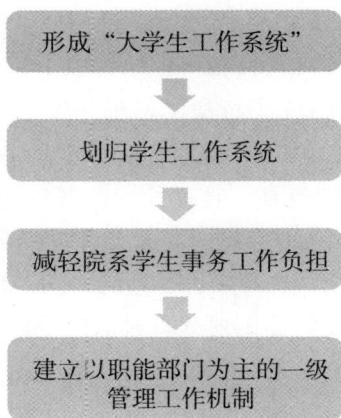

图 2-3　构建扁平型学生事务管理模式的步骤

以上就是高校构建扁平型学生事务管理模式的具体步骤。当然，每所学校的实际情况有所不同，学校的相关领导需要按照学校发展的情况具体实行，过程中有一些因素可能会发生变化，但是总体上不会有太大差异。

第三章　高校在学生管理中的权利与义务

高校学生管理的权利和义务是相辅相成的，其权利主要表现在高校依据法律、行政规章以及自身制定的规范性文件教育管理学生。而享有各项学生管理权的高校属于事业单位法人，作为民事法律关系的主体，享有相应的民事权利，如校生纠纷有的涉及高校的财产权等。

第一节　高校管理的民事权利

作为民事法律关系的主体，高校应具备民法规定的法人条件，从设立之日起具有法人资格。高校是我国市场经济的参与者，财务独立核算。学生自入校起，就与学校因为公寓住宿、饮食等事项产生了许多民事法律关系。在这个关系中，高校也具有许多民事权利。

一、高校管理的民事权利的类型

高校管理的民事权利的类型主要有以下几种。

（一）知识产权

知识产权主要是指权利人对其所创作的智力劳动成果所享有的专有权利。根据《中华人民共和国民法典》总则第五章第123条的规定，高校作为民事主体，依法享有知识产权。高校作为法人享有著作权（版权），依法有署名、发表、出版、获得报酬等权利，依法获得的专利权受法律保护，依法取得的商标专用权受法律保护。高校作为高层次人才培养的重要阵地，是传授、探索、创造知识的重要场所，在创新型国家的建设中担负着充分发挥自身优势、引领国家自主创新的重大使命。

高校承担的国家自然基金项目占全国的比例较大，我国大部分的专利源自高校和科研院所。而且高校还拥有相当数量的发明专利等自主知识产权，为推动国家科技与经济结合以及新技术产业发展做出了重大贡献。高校作为知识产品的重要生产基地，其成果从科学发明、发现，科技成果、专利与非专利技术到学术论著、论文、计算机软件、高新技术产品等，几乎涉及知识产权保护与管理的所有领域，即高校是知识产权这一无形资产的最大拥有者。

（二）环境权

这里所说的环境权主要是指高校在对学生进行管理的过程中所享有的适合学生管理的环境的权利。环境权的权利主体既包括高校，也包括公民、其他法人及组织，甚至包括国家乃至全人类以及尚未出生的后代人；权利客体包括法律规定的各种环境要素防治对象和行为。高校及在其中学习、工作生活的教师、学生有权在适宜的环境中生存。从目前的法律规定来看，环境权所涉及的环境要素大致有两类：一是自然环境方面的各项要素等；二是人居环境方面，如交通便利等问题。

从环境权的角度来说，高校作为环境权的主体，可以享有支配自身可掌握的各项环境因素的权利。从资源有限和环境保护的角度来看，高校需要在支配相关资源时，本着节约和环保的原则，充分利用资源并有权拒绝和制止外在力量对其内部环境的破坏；也有权因周围环境破坏引起高校自身权益受损而予以制止或寻求法律援助。

目前，高校的环境权还缺乏强有力的法律支持。通过对相关法律的了解可以知道，我国的法律规定，如果在对环境造成污染的同时影响了他人并对他人造成影响，需要承担相应的责任。这种在整体上承认环境权作为民事救济根据的做法，显然无法有效保护高校的环境权益。

（三）名称权、名誉权、荣誉权

作为法人的高校，所拥有的权利主要有名称权、名誉权和荣誉权三种。需要注意的是，这里所说的高校的名称权、名誉权和荣誉权是不直接具有财产内容的，不能用金钱来衡量其价值，一般不具有可让性，受到侵害时需要以非财产的方式予以救济。

《中华人民共和国民法典》第110条规定，法人享有名称权、名誉权和荣誉权。

（四）财产权

这里所说的财产权主要是指高校依法对自己的财产享有占有、使用、收益和处分的权利。该权利禁止任何组织或者个人侵占、哄抢、私分、截留、非法索取、破坏高校财产。高校的财产权主要是一种财产管理权。公立高校由国家举办，包括资本、网站、仪器设施在内的所有财产属于国家所有。高校只有对这些财产进行管理使用的权利。

实际上，这里所说的高校的财产权并不是完整意义上的财产权。大部分公立高等院校的运转经费在我国是由国家和地方政府进行预算分配的，国家才是高校财产的真正所有者。要知道立法者之所以如此立法，其实也是出于维护学校或教育的公益性，避免因国有资产流失而影响教育事业的健康顺利发展。高校的财产权中没有抵押权这一重要的财产性权利。

《中华人民共和国民法典》第 399 条规定，学校、幼儿园、医疗机构等为公益目的成立的非盈利法人的教育设施、医疗卫生设施和其他社会公益设施财产不得抵押。实践中，有限的财产权对于高校的发展产生了一定的束缚，国家应该鼓励和引导高校通过金融、信贷等方式使用更多的金融方式促进自身发展，增强其应对债务危机的能力。

（五）其他民事活动权

高校是民事主体，除了享有上述所说的这些民事权利之外，在签订合同、捐赠、参与社会培训的活动中，也享有相应的民事权利。

高校在与企业签署校企合作协议、普通的民事合同时，或与其他合同当事人签订合同时，享有相同的权利和义务。作为平等的民事主体，在与合同相对方协商的基础上，高校有权要求合同相对方严格按照合同中的相关规定，按照诚信原则、全面履行原则履行合同条款。在企业捐赠、校外企业和有关当事人设定的奖学金评定上，高校有权要求捐赠人严格按照事先拟定的协议履行。高校担负着较多的社会培训任务，有权要求培训工作严格按照事前提供的章程和文件执行，对于合作方或学生出现的推诿和违约情形，有权要求合作方或学生承担相应的违约责任或侵权责任。

二、高校管理民事权利的来源

我国相关法律对于法人的类型有明确的规定，按照法律规定的类型进行判断可以得知，高校属于事业单位。需要注意的是，这里所说的事业单位，主要是指以社会的公共利益为目的的单位，其在办学过程中所使用的资金由国家承担。

自高校成立的那天开始，高校就同时具有了法人的资格。事业单位法人依据我国法律中的《事业单位登记管理暂行条例》及其他有关法律法规，经事业单位登记管理机关登记或备案，完成获取法人资格的法定程序，在开展活动时，需要有事业单位法人证书作为法人身份的合法凭证。高校具有民事权利主体资格。作为社会组织，高校具有不同于自然人的民事权利和民事行为能力。

虽然高校依据行政审批而设立，财产和经费由国家行政划拨，但是作为独立的法人，高校对财产拥有独立支配的民事权利，能够独立参加民事活动，并承担相应的民事责任。对于事业单位法人的独立财产，高校对特定范围内的财产享有所有权或经营管理权，能够按照自己的意志独立支配，同时排斥外界对法人财产的行政干预。按照法人设立的条件要求，高校要有自己的名称、组织机构和场所。

高校名称是其区别于其他社会组织的标志符号，能够表现出高校的学术特征和教育研究方向。对于经过登记的名称，高校享有专用权。高校的组织机构应按照教学需要和管理需要进行设置，保证健康有序地开展工作。在民事法律责任承担方面，高校以自己的名义独立承担责任。高校的组成部分和下设机构因为不是独立的法人，不用对高校的债务承担民事责任。

第二节　高校学生管理权

高校学生管理权是自主权的集中体现。高校学生管理权是高校为了实现高等教育的目的，依法作为权利主体，合理利用资源进行学生管理活动的权利。高校学生管理权是随着高等教育产生，政府权力下放和高校自身发展的产物。

近年来，我国已制定了大量教育类法律法规和部门规章，如《中华人民共和国教育法》（以下简称《教育法》）、《学位条例》、《普通高等学校学生管理规定》等，为高校依法办学、依法管理提供了法律依据。

一、高校学生管理权的类型

高校学生管理工作是一项复杂而长期的工作，涉及很多方面的内容。这里所说的高校学生管理是指从学生入学报到至毕业离校手续办结期间，高校对在校生的管理，涉及学籍管理和日常管理等方面。

高等教育的公共性原则要求高校管理权内容的完整性。我国的相关法律对此有相关的规定，教育活动开展的条件首先是要符合我国的最高利益。这样的办学原则就要求教育机构应以促进学生身心发展和教育事业发展为主要目的，教育要符合社会的公共利益，要对国家、社会和人民的公共利益负责，保证教育制度的正常运转。据此，高校管理权为保证符合公共利益的目的，就必须保证内容全面，不应当存在残缺。可能存在的残缺就意味着此方面的公共利益无法全面实现。

（一）教育行政许可权

教育行政许可权是高校作为法律授权组织享有的在授权范围内对教育行政事务进行鉴别，依法给予许可、审批、确认的权利。学历学位授予权在这里主要是当学生提出相应的申请之，学校经过一系列的审核与检查并通过相应的材料证明学生可以获得学位证，学校予以批准，这是高校教育行政许可权的主要内容。赋予学生学位是高校的法定职责，并且在我国的相关条例中还明确规定了学士学位授予方式由国家授权并指派。《教育法》第22条对颁发证书有着明确的规定，只要是在国家承认的基础上，不管是学校还是一些机构都可以在遵循国家相关条例的前提下颁发相关的证书。由此能够看出，这些学校或者机构必须是国家认可的。颁发毕业证书、学位证书在现行法律规定下应当属于教育行政管理的范畴，受教育者对此有异议的，可以提起行政诉讼。颁发证书的机构是法律法规授权的学校和教育机构，同时颁发的条件和程序要严格按照法律和行政法规行使，如《学位条例暂行实施办法》《研究生学籍管理规定》等。

另外，该项行政权力的行使属于教育行政管理部门的单方行为。要想取得学业证书，学生所要做的就是尽量做到满足取得学位所必需的条件。但是需要注意的是，硕士学位、博士学位需要提交申请书及学术论文，经学位授予单位审查，决定是否同意申请。硕士学位、博士学位虽需要申请，但毕业证和学位证的颁发，由教育行政部门及授权机构根据法律法规的规定单方面决定，无须征求相对人的意见，更不能与相对人协商。

（二）办学自主权

在没有法律法规授权的情况下，教育行政机关不能够随意采用审批、审核、确认、核准等实质许可的方式干涉学校的办学自主权。《中华人民共和国高等教育法》（以下简称《高等教育法》）第11条规定："高等学校应当面向社会，依法自主办学，实行民主管理。"从这一条规定中可以清楚地看到，高校是具有办学自主权的。而这里所说的办学自主权，实际上就是指高校在办学过程中，为了能够更好地管理学校，实现其教学目的而进行的对学校合理的管理。按照《高等教育法》的相关规定，高校的办学自主权主要包含以下几个方面的内容。

1. 自主实施教育教学活动

一般来说，高校可以自主地根据本校的培养目标、任务以及不同专业和师生的特点来实施具有本校特色的教学。高等教育是规模性教育，之所以这么说，主要是因为在授课的过程中教师并不能对学生进行一一指导。即便是有这样的情况，也是因为学生凭个人能力解决不了这个问题，必须寻求教师的帮忙。

为保证每位学生最大限度地从高等教育中受益，必须保证高校教学有序稳定。

《教育法》第 29 条明确规定，学校有组织实施教育教学活动的权利。此种权利的表现形式为学校的正常教学教育管理应有序进行，不应当受到外界因素的扰乱。《教育法》第 29 条也体现了对这一权利的保障，即学校有权拒绝任何组织和个人对教育教学活动的非法干涉。

2. 自主制定招生标准

《教育法》第 29 条对学校的招生权做了广义的规定，简单来说就是学校有招收学生及其他受教育者的权利。《高等教育法》第 32 条对高校招生权的内容作了明确的规定，即"高等学校根据社会需求、办学条件和国家核定的办学规模，制定招生方案，自主调节系科招生比例"。需要说明的是，这种招生权是一种有限的行政处分权，受国家普通高校全国统一招生考试政策的制约。

3. 自主聘任教师员工

高校有权根据自己的教学任务、培养目标和教育教学的需要，本着精简效能的原则，自主设立、调整学校内部的机构设置和人员配备。高校有权根据教师和其他专业技术人员的表现，对他们进行评定和聘任，并且按照国家有关规定，以按劳分配、多劳多得为原则，调整教师和其他员工的津贴和工资。

4. 自主设置学科专业

高校根据国家经济和社会发展需要，遵循教育规律，以提高教育教学质量和办学效益为目的，在国家颁布的学科、专业目录内合理选择，设置或者调整本校的学科、专业，使学科和专业的设置体现效能的原则，符合时代的需要。

5. 自主开展科学研究

每所学校都有一定的优势，都有擅长研究的领域。这就像是人一样，每个人都有自己独特的天赋，有的人天生就唱歌好听，并且喜欢唱歌；有的人天生对数字就比较敏感，任何人说一组数字他都能记得非常清楚。学校的研究领域也是这样的，一所学校不可能对每个领域都样样精通，它有自己独特的发展方向。因此，高校要充分利用这个有利的条件开展相应的科学研究，从而鼓励更多的人投入研究。学生们看到如此多的成果之后，也会在内心中萌发开展研究的念头，这从侧面推动了教育事业的发展。

6. 自主进行财产管理与使用

高校对举办者提供的财产、国家财政性资助、受捐赠财产依法自主管理和使用，但不得将用于教学和科学研究活动的财产挪作他用，否则将承担相应的法律责任。

《教育法》相关条例明确规定，学校及其他教育机构可以按照章程自主管理。高校自主管理权是高校在法律上享有的，为实现其办学宗旨、独立自主进行教学管理活动的资格和能力。

另外，《高等教育法》第37条规定："高等学校根据实际需要和精简、效能的原则，自主确定教学、科学研究、行政职能部门等内部组织机构的设置和人员配备；按照国家有关规定，评聘教师和其他专业技术人员的职务，调整津贴及工资分配。"

7. 自主开展对外文化交流活动

高校按照国家有关规定，自主开展与境外高校之间的科学技术文化交流活动与合作。这可以使我国的高校学习和借鉴外国先进经验，吸引国外资金和优秀文化成果，提高我国高校的办学水平。

（三）制定校内规章制度权

高校为了实现教育管理目的而享有依法自行制定相关规范性文件的权利。《教育法》第29条规定，学校有权按照章程自主管理。这里所说的章程，不仅包括相关教育法律法规，还包括学校自行订立的各项制度。高校规范性文件的制定过程适用"法律保留"原则，不得与宪法和法律相抵触，不能逾越法律法规的授权。

《高等教育法》第53条规定："高等学校的学生应当遵守法律、法规，遵守学生行为规范和学校的各项管理制度。"此法律也确定了高校自行制定的管理制度在高校范围内的法律有效性。

（四）处罚惩戒学生权

高校的处罚惩戒学生权分为两部分：一部分是国家授权的惩戒权，此部分惩戒权要接受行政监督；另一部分是高校自行设定的处罚权，属于高校自由裁量权的范畴。《普通高等学校学生管理规定》对于学校的处分权做出了明确的规定。高校在制定自身规章制度时，对于学生处分的章节部分必须严格遵循《普通高等学校学生管理规定》的内容，不能擅自扩大或缩小处分范围。该规定第51条指出，对有违反法律法规、本规定以及学校纪律行为的学生，学校应当给予批评教育，并可视情节轻重给予纪律处分。第54条规定："学校给予学生处分，应当坚持教育与惩戒相结合，与学生违法、违纪行为的性质和过错的严重程度相适应。"高校做出的纪律处分种类有警告、严重警告、记过、留校察看和开除学籍。

《普通高等学校学生管理规定》第19条规定："学生应当按时参加教育教学计划规定的活动。不能按时参加的，应当事先请假并获得批准。无故缺席的，根据学校有关规定给予批评教育，情节严重的，给予相应的纪律处分。"

《普通高等学校学生管理规定》第52条对学校可以给予学生开除学籍处分进行了严格的界定。学生只有出现如下行为，才可被开除学籍：

（1）违反宪法，反对四项基本原则，破坏安定团结，扰乱社会秩序的。

（2）触犯国家法律，构成刑事犯罪的。

（3）受到治安管理处罚，情节严重、性质恶劣的。

（4）代替他人或者让他人代替自己参加考试、组织作弊、使用通信设备或其他器材作弊、向他人出售考试试题或答案牟取利益，以及有其他严重作弊或扰乱考试秩序行为的。

（5）学位论文、公开发表的研究成果存在抄袭、窜改、伪造等学术不端行为，情节严重的，或者代写论文、买卖论文的。

（6）违反本规定和学校规定，严重影响学校教育教学秩序、生活秩序以及公共场所管理秩序的。

（7）侵害其他个人、组织合法权益，造成严重后果的。

（8）屡次违反学校规定受到纪律处分，经教育不改的。

（五）学籍管理权

学籍管理权是保证高校教学活动顺利开展的制度性规范。《教育法》第29条第4项规定，学校对受教育者进行学籍管理，实施奖励或者处分。《普通高等学校学生管理规定》用大量篇幅对于高校的学籍管理权作了详细的规定。其中第15条规定："学生每学期或者每学年所修课程或者应修学分数以及升级、跳级、留级、降级等要求，由学校规定。"第18条规定："学生严重违反考核纪律或者作弊的，该课程考核成绩记为无效，并应视其违纪或者作弊情节，给予相应的纪律处分。给予警告、严重警告、记过及留校察看处分的，经教育表现较好，可以对该课程给予补考或者重修机会。"

（六）校园秩序管理权

《高等学校校园秩序管理若干规定》第3条规定："学校应当加强校园管理，采取措施，及时有效地预防和制止校园内的违反法律、法规、校规的活动。"校园秩序管理权涵盖校园进出许可、新闻报道、公寓管理、校内文化活动管理、校内政治活动管理、校内团体管理、校内经商管理等多方面内容。

《高等学校校园秩序管理若干规定》第5条至第17条对以上各方面学校所拥有的管理权利作了详细规定，并在第18条规定了学生妨碍学校行使相关权利时的处理措施，即"对违反本规定，经过劝告、制止仍不改正的师生员工，学校可视情节给予行政处分或者纪律处分；属于违反治安管理行为的，由公安机关依法处理；情节严重构成犯罪的，由司法机关处理"。因校园秩序管理权涉及学生在校学习生活的方方面面，高校在行使校园秩序管理权的过程中，必然要对学生的各项权利产生一定的影响，甚至可能侵犯学生的民事权利，产生高校与学生的民事法律纠纷。《高等教育法》第 56 条规定："高等学校应当对学生的社会服务和勤工助学活动给予鼓励和支持，并进行引导和管理。"该规定既赋予了高校对学生社会服务和勤工助学活动进行管理的权利，也规定了学校必须保证将这项工作引导和管理好的义务。

二、高校学生管理权的来源

高校学生管理权来源于三个方面，其中法律法规授权是高校学生管理权的主要来源。《高等教育法》第 18 条规定："高等教育由高等学校和其他高等教育机构实施。"这表明高校学生管理权是国家教育权的重要组成部分，高校以被授权人的身份来实施此项权利，高校学生管理权中的颁发学位权、学籍管理权、奖励处分权都是通过法律法规授权取得的行政管理职权。

上级主管部门委托是部分高校学生管理权的来源。行使此类权利时，高校作为被上级主管行政机关委托的权利主体，行使一定的学生管理权。行使此项权利时，高校不能以自身名义行使，也不能以自身名义承担责任。例如，部分公安机关赋予高校公安处行使的以学校及周边地域为管辖范围的部分公共安全管理职能，就属于此类权利范畴。高校学生管理权来源于上级机关委托的部分，不能超越上级机关的委托范围。基于高校公共服务性而获得的公共管理权是高校学生管理权的补充来源。高校是公共事业单位法人，在学校范围内实施高等教育公共服务，具有很强的公益性。为实现高校的公益性目的，高校需要享有部分法律法规授权外的权利，即特定情况下的办学自主权，对高校这一特殊的公共场所进行管理。由于法律自身的限制，法规不能够将高校具有的各项管理权利一一列出。在授权之外，高校管理学生所必需的各项权利都属于公共管理权范畴，此种权利往往在高校内部管理规定中加以明确。

第三节　高校学生教育管理的义务

一、高校学生管理义务的主要内容

高校学生管理义务的主要内容表现在以下几个方面。

（一）依法承担相应民事责任

作为独立的事业单位法人主体，高校独立承担民事责任。《高等教育法》第30条规定："高等学校自批准设立之日起取得法人资格。高等学校的校长为高等学校的法定代表人。高等学校在民事活动中依法享有民事权利，承担民事责任。"高校所承担的民事义务具体包括财产合理使用义务、侵权赔偿义务、承担违约责任义务。

1. 财产合理使用义务

高校有按照规定使用经费的义务。《高等教育法》第64条规定："高等学校收取的学费应当按照国家有关规定管理和使用，其他任何组织和个人不得挪用。"根据《事业单位登记管理暂行条例》第15条的规定："事业单位开展活动，按照国家有关规定取得的合法收入，必须用于符合其宗旨和业务范围的活动。事业单位接受捐赠、资助，必须符合事业单位的宗旨和业务范围，必须根据与捐赠人、资助人约定的期限、方式和合法用途使用。"据此，高校开展各项活动，按照国家有关规定取得的合法收入，必须用于符合办学宗旨和业务范围的活动。高校接受的校友及社会捐赠、资助，必须符合高校的宗旨和业务范围，必须根据与捐赠人、资助人约定的期限、方式和合法用途使用。《事业单位登记管理暂行条例》第16条规定："事业单位必须执行国家有关财务、价格等管理制度，接受财税、审计部门的监督。"

2. 侵权赔偿义务

在高校学生伤害案件中，一般应用过错原则和公平原则。在划定高校赔偿责任时，如果因高校在教学、管理中的过错引起学生伤亡，属于高校责任的，高校需要承担相应的民事赔偿责任；如果高校在学生伤害事故中没有出现过错，就不需要承担损害赔偿责任。在司法实践中，高校往往在自身无过错的前提下，给予学生一定的经济帮助，但此种行为不属于高校义务范畴。

3. 承担违约责任义务

高校作为独立的法人主体，有自己的财产，能够以自己的名义对外承担法律责任。高校可以与其他社会主体签订民事合同，在这个过程中双方具有平等的民事主体地位，高校如不能严格履行合同规定的条款，需要承担违约责任。

（二）履行程序正当义务

高校教育管理工作有着自身的程序规则，高校教育管理部门必须依据法律法规制定高校的教育管理规章制度，并严格依照程序实施这些制度。高校的程序正当义务，应包含以下几个方面的内容。

1.执行程序正当

执行程序正当，即制度的执行必须严格遵照程序。制定程序正当与执行程序正当的关系相辅相成，制定程序正当是执行程序正当的前提条件，执行程序正当是制定程序正当的实现途径。

2.公正平等

学校在教育管理过程中应公正地对待每一位学生，不因学生的家庭出身等因素对学生产生歧视行为，不偏袒、不徇私。高校应秉公处理涉及学生利益的各种事项，处理手段和结果应当适度，不应过重或过轻。

3.遵循时效

高校做出的教育管理举措应当及时在法定时效内实施，避免超出时效。高校对学生做出处罚时要履行程序公正义务。

《普通高等学校管理规定》第53条规定："学校对学生作出处分，应当出具处分处决书。"第54条规定："学校对学生的处分，应当做到证据充分、依据明确、定性准确、程序正当、处分适当。"第55条规定："在对学生作出处分或者其他不利决定之前，学校应当告知学生作出决定的事实、理由及依据，并告知学生享有陈述和申辩的权利，听取学生的陈述和申辩。"第56条规定："对学生作出取消入学资格、取消学籍、退学、开除学籍或者其他涉及学生重大利益的处理或者处分决定的，应当提交校长办公会或者校长授权的专门会议研究决定，并应当事先进行合理性审查。"第59条规定："学校应当成立学生申诉处理委员会，负责受理学生对处理或者处分决定不服提起的申诉。学生申诉处理委员会应当由学校相关负责人、职能部门负责人、教师代表、学生代表、负责法律事务的相关机构负责人等组成，可以聘请校外法律、教育等方面专家参加。"

高校有严格依照程序进行学籍管理和维护的义务。《普通高等学校学生管理规定》第34条规定："学校应当严格按照招生时确定的办学类型和学习形式，以及学生招生录取时填报的个人信息，填写、颁发学历证书、学位证书及其他学业证书。"第35条规定："学校应当执行高等教育学籍学历电子注册管理制度，完善学籍学历信息管理办法，按相关规定及时完成学生学籍学历电子注册。"

（三）保证教育教学质量

高校是履行教育职能的事业单位，有履行教育职能的义务。高校应使学生具备相应的知识和能力，使不同学历层次的学生达到国家规定的专业标准。对于学生应具备的专业标准，《高等教育法》第16条做了详细的规定，即专科教育应当使学生掌握本专业必备的基础理论、专门知识，具有从事本专业实际工作的基本技能和初步能力；本科教育应当使学生比较系统地掌握本学科、专业必需的基础理论、基本知识，掌握本专业必要的基本技能、方法和相关知识，具有从事本专业实际工作和研究工作的初步能力；硕士研究生教育应当使学生掌握本学科坚实的基础理论、系统的专业知识，掌握相应的技能、方法和相关知识，具有从事本专业实际工作和科学研究工作的能力；博士研究生教育应当使学生掌握本学科坚实宽广的基础理论、系统深入的专业知识、相应的技能和方法，具有独立从事本学科创造性科学研究工作和实际工作的能力。

高校应通过设立教学质量管理体系来确保教学质量。教学质量管理体系的参与者为学生的利益相关者，包括教师、学生、家长、学校和政府。教学质量管理体系一般包括教学管理责任制，教学资源管理系统，教学信息输入系统，教学过程系统，教学输出系统，教学质量监控、分析和改进系统。其中，教学管理责任制包括质量方针和目标、教学质量管理机构的代表人员、教学管理和教学管理评审等；教学资源管理系统包括教师的研究和培训、绩效考核以及教学设施设备的采购和使用管理、图书馆的图书的数量和类型等；教学信息输入系统包括教学计划、登记和注册、教材使用等；教学过程系统包括教师的教学和学生的学习、研究和发展历程、科学研究、课堂管理等；教学输出系统包括教育和就业；教学质量监控、分析和改进系统包括听课、教学评估、教材统计技能、调整和校正方法等问题。

大学是学生接受高等教育的殿堂，其目标是培养高质量、能够适应社会需求的综合性和专门性人才，从而对整个社会的发展起到重要的作用。教学质量是反映高校学生培养质量的第一标准，也是学生评价学校的主要标准。学校有责任、有义务通过对教学质量的监督和控制来不断提高教学质量。

（四）接收符合条件的学生入学

《高等教育法》第9条规定，公民依法享有接受高等教育的权利。此项规定明确了公民接受高等教育的权利，进而可以理解为高校有接收符合法定条件的公民进行高等教育的义务。第9条还规定，高等学校必须招收符合国家规定的录取标准的残疾学生入学，不得因其残疾而拒绝招收。

（五）开展日常学生管理工作

学生日常管理工作是高校接触学生最为密切的工作。学生日常管理工作具体包括学生日常教育管理工作、毕业生工作、心理健康教育、就业服务工作。学生日常教育管理工作的任何一方面出现问题，都会对学校全局产生不利影响。

高校在学生日常管理中的义务包括以下几个方面的内容：

（1）鼓励学生参加社会实践的义务。《普通高等学校学生管理规定》第17条规定："学校应当鼓励、支持和指导学生参加社会实践、创新创业活动。"

（2）建立健全宿管制度的义务。《普通高等学校学生管理规定》第48条规定："学校应当建立健全学生住宿管理制度。学生应当遵守学校关于学生住宿管理的规定。"

（3）信息公开的义务。除涉及国家机密、学生隐私的信息外，学校教育管理信息均应当向学生及社会公开，学生管理各项举措的制定和实施过程均应当公开、透明。

（4）对于学生不合理、不合法行为劝阻的义务。《普通高等学校学生管理规定》第46条规定："学生举行大型集会、游行、示威等活动，应当按法律程序和有关规定获得批准。对未获批准的，学校应当依法劝阻或者制止。"

（5）学生资格审核的义务。《普通高等学校学生管理规定》第9条规定："学校应当在报到时对新生入学资格进行初步审查，审查合格的办理入学手续，予以注册学籍；审查发现新生的录取通知、考生信息等证明材料，与本人实际情况不符，或者有其他违反国家招生考试规定情形的，取消入学资格。"

（六）制定校内规章制度

高校制定的各项规章制度需要遵循法律优先、法律保留的原则。法律优先原则一直是中国法律界公认的必须遵循的基本原则。尽管高校有着自身的办学自主权，有着自身的办学宗旨和教育方式，但这些因素都不能成为高校不遵守法律的借口。高等教育的自由裁量权也是由法律所赋予的，高校的各种行为必须接受法律的监督。

高校应该坚持法律优先的原则。法律优先要求高校在制定和完善自己的规章制度时，应当根据当前法律法规的要求进行制定和维护，保证教育管理系统规章不与法律和上级部门的规定存在冲突。这样才能确保高校内部规章制度的合法有效。任何与现行的法律法规冲突的高校规则均应视为无效。在法律优先的前提下，高校自身的自由裁量权也应当受到法律的保护，但要避免自由裁量权的滥用问题，限制自由裁量权的无限膨胀。

高校校规校纪的内容应当尽可能明确化和标准化。学校规章制度设计应该具体、便于操作，尽可能避免概括、含糊、容易引发歧义的语句，建立明确的实体和程序系统。学生可以从学校规章制度中明确判断出自己的行为带来的可能后果。惩罚性的规章制度制定应坚持错罚相当的义务，对于高校学生的处罚，应考虑教育内容和惩戒内容的适当比例，以达到轻惩戒重教育的目标。

（七）支持学生参与学校管理

在《普通高等学校学生管理规定》中我们可以看到，规定已经明确提出了学生参与高校管理的权利与义务，这从某种程度上说为学生参与高校管理提供了保障。其中第40条规定："学校应当建立和完善学生参与管理的组织形式，支持和保障学生依法、依章程参与学校管理。"在我国，学生参与高校管理也受到了许多关注，我国政府也正积极尝试，试图通过各种途径促进学生参与高校管理。在中国发展高层论坛2006年会上，教育部原部长周济指出，庞大的高学历群体不应该也不可能被排斥在权力的边缘，他们会自然而然地从自身的利益和价值判断出发，要求参与高校事务的管理。

学生可以在教学质量测评、教师评估，甚至是教学方案的设计等各个层面提出合理的建议。在生活领域，学生也应发挥他们的强大作用。在课外活动、学生服务和公寓管理等与学生息息相关的方面，如果能让学生参与融入管理，将产生巨大的正向作用。从近几年的发展情况来看，高校管理者的治校理念随着时代的进步日益更新，学校也通过各种途径积极鼓励学生参与学校的管理活动，学生的参与热情不断高涨。高校学生参与学校管理的内容不断丰富，不仅包括对自身和班级事务、教学科研、后勤保障等方面的管理，还逐步渗透到对学校重大问题决策的参与。可以说，这些改进为政府促进学生参与高校管理提供了平台。

（八）保护学生享有合法权利

在教育教学管理中，高校有责任确保学生的合法权益得到实现，同时还应采用强有力的手段来加大学生的权利救济力度。比如说，在对学生做出某些处理决定之前，教育管理者有义务告知学生享有的申诉权，对于学生的纪律处分必须在听取学生申辩后才能做出。在即将做出对全部或部分学生的利益产生影响的决策时，高校有义务充分公开听取学生的意见或建议。

（九）保护未成年学生权益

《中华人民共和国未成年人保护法》（以下简称《未成年人保护法》）第25条至第41条对于学校在未成年人保护方面的义务进行了明确的规定。

高校首先应当尊重未成年学生的各项权利。《未成年人保护法》第28条规定："学校应当保障未成年学生受教育的权利，不得违反国家规定开除、变相开除未成年学生。"第29条规定："学校应当关心、爱护未成年学生，不得因家庭、身体、心理、学习能力等情况歧视学生。对家庭困难、身心有障碍的学生，应当提供关爱；对行为异常、学习有困难的学生，应当耐心帮助。"

从人身安全的角度来说，学校应当建立安全制度，加强对未成年学生的安全教育，采取措施保护未成年学生的人身安全。学校不得在危及未成年学生人身安全、健康的校舍和其他设施、场所中进行教育教学活动。学校安排未成年学生参加集会、文化娱乐、社会实践等集体活动时，应确保活动有利于未成年学生的健康成长，并防止人身安全事故发生。高校应注重增强未成年学生的自我保护意识和能力。

学校对于未成年学生具有一定范围内的救助义务。学校对未成年学生在校内或者本校组织的校外活动中发生人身伤害事故的，应当及时救护，妥善处理，并及时向有关主管部门报告。

在实行未成年学生的教育管理方面，学校要明确这一时期学生的心理与身体发展状况。这就要求相关管理者应当根据未成年学生身心发展的特点，对他们进行相关的社会生活指导、心理健康辅导和青春期教育。学校应当与未成年学生的父母或者其他监护人互相配合，保证未成年学生的睡眠、娱乐和体育锻炼时间，不得加重其学习负担。

对于在学校接受教育的有严重不良行为的未成年学生，学校和父母或者其他监护人应当互相配合加以管教。学校教职员工应当尊重未成年学生的人格尊严，不得对未成年学生实施体罚、变相体罚或者其他侮辱其人格尊严的行为。

（十）维护校园安全稳定

安全防范义务指的是高校有维护校园正常秩序的义务和保证在校园中学生合法权益免受侵害的义务。《普通高等学校学生管理规定》第 39 条规定："学校、学生应当共同维护校园正常秩序，保障学校环境安全、稳定，保障学生的正常学习和生活。"加强维护校园治安秩序对维护学校的教学秩序稳定、保障师生的人身财物安全、社会稳定与和谐发展都有着极大的必要性和重要性。

2002 年，教育部颁布的《学生伤害事故处理办法》对学生伤害事故的范围、学校的相应职责、学生承担过错责任的程度以及出现学生伤害事故的处理办法都做了明确的规定。该办法要求学校的安全保卫、消防、设备管理不能存在明显的疏漏，向学生提供的药品、食品、饮用水应当符合国家卫生标准；学校教职员工应当恪尽职守，不能出现违反工作要求、道德操守、操作流程的行为。高校如出现以上问题而导致学生发生伤亡事故，学校应当承担相应的赔偿责任。《学生伤害事故处理办法》在对于学校义务的规定中使用了过错责任原则，即学校如无过错则不承担相应责任。鉴于高校学生大部分已年满 18 周岁，具有完全的民事行为能力，高校对于学生权益的保护，侧重于整体性保护。高校只要给学生提供安全可靠的学习生活环境，就履行了自己的义务。学生在学校提供的环境中，只要遵守正常的教学和生活秩序，就可以避免权益受损。学校无义务去排除个体在特殊情况下受到伤害的可能性。

安全防范义务的一个重要方面就是增强学生的安全意识。我国高等教育之前的各阶段教育以高考为指向，导致了素质教育的缺失，使部分高校学生入学时的安全防范意识较差，防盗、防火甚至交通安全知识较为匮乏，缺乏相应的安全训练，遇到突发事件容易惊慌失措，甚至可能产生严重后果。因此，高校有义务完善高校安全教育，提升学生的安全意识和自救能力，最大限度地避免校园学生伤害事件发生。

为了能够更好、切实地履行安全防范义务，高校安全保卫部门应是确保高校治安稳定，保证学校教学、科研、工作和生活顺利进行的基础队伍，同时也应当建立一个万无一失、疏而不漏的校园安全网络联动体系。对于校园中可能出现的突发事件，高校应具有一定的突发事件及时应对处置能力。高校突发事件往往难以预测，一旦出现会迅速蔓延和扩散，难以防控。对此，高校应该建立紧急处置预案，建立完善的应急预警和监测机制。事故一旦发生，各部门可以快速集结，形成联动，及时处理危机，隔离无关人员，避免恶性事件的发生。

二、高校学生管理的义务来源

高校学生管理的义务来源主要有以下几个方面。

（一）《中华人民共和国教育法》

《中华人民共和国教育法》规定的学校及其他教育机构的义务，主要包括以下几个方面的内容：

（1）采用一些容易被人接受的方式使得监护人能够了解受教育者在学校的基本情况。这些基本情况主要包括学生的学习状况、生活适应度以及相关的考试成绩等。

（2）相关人员需要遵守法律、法规。

（3）依法接受监督。

（4）维护受教育者、教师及其他职工的合法权益。

（5）遵守国家有关规定收取费用并公开收费项目。

（二）《事业单位登记管理暂行条例》

鉴于高校属于国家事业单位，高校应当遵守国家事业单位的相关义务。《事业单位登记管理暂行条例》于1998年9月25日国务院第八次常务会议通过，2004年6月27日进行了修订。该条例第2条规定，事业单位是指国家为了社会公益目的，由国家机关举办或者其他组织利用国有资产举办的，从事教育、科技、文化、卫生等活动的社会服务组织。第17条规定，事业单位应当于每年 3 月 31 日前分别向登记管理机关和审批机关报送上一年度执行本条例情况的报告。

（三）《中华人民共和国高等教育法》

2018 年 12 月，《中华人民共和国高等教育法》重新修订，其总则篇规定了我国高等教育所应当承担的义务。我们首先必须清楚，学校的教育是为我国的社会主义服务的，我们在第三次科技革命的洗礼下，亲眼见证了科技带给我们生活的便利与好处，让我们的生活更加快捷，工作变得更加简单。我们作为教育行业的工作者，需要为社会的发展培养更多的科技方面的创新人才，这样才能推动社会的发展，为社会的繁荣做出贡献。另外，《中华人民共和国高等教育法》第 5 条还对教育的任务进行了明确规定，这与上述我们所说的都是相通的，只有大力发展科技才是如今发展的正确方向。

高等学校应为毕业生、结业生提供就业指导和服务。国家鼓励高等学校毕业生到边远、艰苦地区工作。学生在学校中学到的知识都是学校教的，可以说学校对他们的能力了如指掌。当学生毕业后，学校有义务对学生进行毕业指导，帮助学生就业，提高就业率。

校长是一所学校的领军人物，学校的发展前景、学校的总体发展方向都是由校长带领相关的管理者决策的。因此，校长的责任是非常重大的，并且对于校长这种起带头作用的责任条例也有明确的规定，这说明我国对于校长在学校中的领导地位是非常重视的。

（四）《普通高等学校学生管理规定》

通过这条法规，我们了解到学校的目的是要为社会培养相关方面的人才，这也是其教育的总体目标与根本任务。学校需要在依据我国法律和遵循教育规律的基础上管理学生，从而完成相应的教学任务。另外，我们还需要在管理的同时提升学校的管理水平，为培养社会主义人才奠定坚实的基础。

第四章　高校学生管理模式的多元发展

高校学生管理涉及学生的方方面面，包括学生的思想、心理、身体、学习、生活等诸多方面，对学生知识的摄取、品格的陶冶、个性的发展有着深刻的影响。但是，高校的扩招、教学管理模式的改革、学生公寓管理社会化等一系列高校改革政策的实施，一方面使学生的思想行为等发生一系列的变化，另一方面给高校的学生管理工作也带来了新的挑战。因此，探索适应新时期、新挑战的高校学生管理模式成为必然。

第一节　高校学生人格化管理模式

综合各国对于新时期人才的要求，我们可以发现，现代的人才需要更多的能力和素质，肩负了更多的使命。例如，要具有良好的社会责任感，要树立明确可行的生活目标，要具有学习能力和创新能力，要具有不断适应时代需求的能力等。上述一系列能力的培养都需要一种现代的、注重学生内涵培养的管理模式。人格化管理模式注重对学生内涵的培养巩固、发扬已形成的良好内涵，革除不好的甚至是劣质的品质，开创新的精神。这对于学生的成长、大学文化的繁荣都有重要意义。

一、人格化管理模式的内涵

所谓人格化管理就是在管理过程中充分关注人性要素、以充分挖掘人的潜能为己任的管理模式。

人格化管理是一种"以人为本"的管理方法，就是从管理的指导思想到具体的管理原则和方法，都是从人出发、以人为核心的管理。它的实质在于充分尊重和理解被管理者的个性和创造才能，充分调动他们的主动性、积极性和创造性，并使其更好地投入工作，更有效地实现组织目的。其具体内容可以包含很多要素，如对人的尊重、充分的激励、给人提供各种成长与发展的机会。

同一所大学的学生往往有着一定的共性。例如，清华大学的学生务实严谨，北京大学的学生浪漫民主。很多大学的学生因其大学的底蕴等方面的不同，形成了不同的"学校人格化"。同一班的学生也会有一定的共性，呈现出各个班级不同的风貌，形成不同的"班级人格化"。这种状况也出现在大学公寓里，形成"公寓人格化"。大学校园还存在其他很多方面的人格化，这些"人格"都是从心理学角度定义的，指的是这一类人的内涵。这一系列的人格化与学生能否顺利步入社会，积极参与竞争，收获事业、生活的成功有很大关系。

二、学校人格化管理的实施内容

学校人格化管理工作要从以下几个方面实施：

（1）强化规章制度的管理。

（2）确保良好的学习环境和学习氛围。

（3）形成良好的精神风貌。

学校人格化管理属于学生管理的高级层面，掌握着整体的动态，起着统筹、规划、指导的宏观作用。这类管理要从领导层面出发，在学校的基础设施、师资力量、学术建设等方面投入更多的人力、物力、财力，制订相关的工作计划，树立长远目标。要务实求真，不可急功近利、只图表面功夫。

三、班级和公寓人格化管理的实施

班级、公寓作为学校管理的基层单位，起着非常重要的基础作用。基层人格化的实现要从以下三个方面努力。

（一）个别学生发挥人格力量

在一个班级中，总会有在领导方面有突出能力的学生，这些学生的人格力量影响着班级人格化。个别学生人格力量的发挥会引导、带动其他学生，对班级人格化起到调动作用。但个别学生的人格力量又有积极、消极之分，积极的人格力量会对班级和其他学生起积极作用；反之，会带来消极的影响。因此，学生人格力量的发挥需要辅导员的有效管控，辅导员要把握尺度，引导、鼓励积极人格力量的传播，化解消极人格带来的不良影响。

（二）教育工作者发挥人格魅力

对于学生尤其是新生而言，教师、辅导员等教育工作者代表了权威，在他们心中形成了一种特殊的地位。学生对他们崇拜的教师、辅导员会特别尊敬并存在模仿的现象。辅导员是班级人格化管理的组织者、策划者、调控者和实施者，教师是管理最主要的辅助者。这两者在班级人格化管理中发挥着重要作用。因此，辅导员要有良好的工作态度、生活态度和办事作风，以便更好地感染学生；教师要有严谨的治学态度，帮助学生树立良好的学习态度和工作态度。教师和辅导员要给学生树立榜样，促使班级人格化向良好的方向发展。

（三）公寓人格化管理注重细节

辅导员要选那些热心、负责任、宽容大度、积极为同学办事的学生担任寝室长，用他们的能力管理寝室，用他们的行动感染寝室的其他学生。还要建立良好的寝室环境，形成和谐的舍友关系，创建多彩的公寓文化等。公寓人格化的形成为其他方面的人格化奠定基础，为学生的生活创造良好环境。

第二节　高校学生社区化管理模式

随着高校社会化改革的不断深入，对高校学生社区化管理的重视也应加强。学生社区应该成为培养德、智、体、美、劳全面发展的"四有"人才及管理育人、服务育人的重要阵地，应该是影响学生成长成才的重要环境和学校精神文明建设的窗口。因此，高校学生社区化管理应该成为高校改革的重点。有些传统的管理模式已不能适应高校的发展，学生社区化管理势在必行。从高校社区化管理的发展方向来看，不断完善学生社区的教育管理机制，积极探索学生社区管理的新思路、新办法，建立新型学生社区化管理模式是今后发展的方向。

一、高校学生社区化管理产生的背景及科学内涵

（一）高校学生社区化管理产生的背景

1.适应学生群体特征

加强和深化高校思想政治工作，需要一种更切合实际、具有实效的教育管理新模式。高校学生思想政治工作者必须根据变化的情况，及时调整工作思路，做出应对之策。面对高等教育的日趋现代化和国际化，特别是教育教学改革的不断深化和高校改革向纵深发展的新形势，高校学生社区化管理如何坚持社会主义办学方向，如何坚持姓"教"的宗旨不动摇，是一个值得认真研究和探索的重大实践课题。很多高校在开展党建与思想政治工作以及日常教育管理工作方面，与时俱进，不断创新，探索出了一条符合形势发展要求和高校实际的学生教育管理新路子，即高校学生社区化管理。高校学生社区化管理是加强和深化新时期高校学生思想政治工作的需要。

2.教育管理的新模式

为了克服高校持续扩招带来的后勤设施不足的困难，中国高校参考国外发达国家高校后勤社会化的管理体制，或引进社会资金，或集资联建，或贷款与集资相结合，大力兴建学生公寓，并推行了后勤社会化管理，较稳定、快速地解决了学生的住宿、餐饮、娱乐等一系列学习、生活、文化活动设施存在的经费短缺的问题。但后勤社会化同时也带来了高校管理的"二元化"问题，即对学生的学习实行的是与西方高校不同的传统教学行政管理，而对学生的生活却推行了类似西方大学的社会化管理，教学计划行政管理与社会化管理事实上存在着"两个体系"。高校学生工作面临的挑战是怎样将"行政管理"与"社会化管理"两个体系合二为一，从而达到对学生人格教育的统一。在这种新情况下，高校实行社区化管理势在必行。

3.改革传统管理模式

面对高等教育的改革和发展的现实情况，尤其是高校学分制改革的逐步深化，传统的班级概念趋于淡化，以班级为思想政治教育的基本组织形式和主要工作渠道的情况正在改变，社区日益成为学生学习、生活的重要场所。同时，随着高校后勤服务社会化步伐的加快，学生社区的环境氛围、社区的文化设施和社区管理服务的质量如何，以及社区管理模式怎样，这些都是对传统的高校学生工作提出的新问题。因此，高校社区化管理被提上了议事日程。高校学生社区化管理是适应高等教育改革与发展的时代要求的。

（二）高校学生社区的科学内涵

随着我国高校改革的进一步深入，以寝室为单位的学生社区的地位日益突出。学生社区是社区概念在学校管理中的反映，学生社区是大学生在校学习、生活、休息的基本活动场所。社会学研究表明，社区是一种地域上的存在，同时它的实质是人的聚居与互动。就第一层意思而言，社区的特点是居民的共同居住；第二层意思表明社区具有文化功能。学生社区也是一个社区，就一所高校而言，它指这所高校的所有寝室和周边环境（学生公寓）以及这种环境所能达到的最大的育人功能。

与社区概念相对应，学生社区这一概念也包含两个内容：一个是指区域环境，另一个是指文化功能。就区域环境而言，一方面，学生社区是校园的区域组成之一，是校园内的地理分区，是学生的居住区。另一方面，学生社区也是学校的一个重要管理区。从社会组成结构来讲，它是组成学校管理的结构之一，学校与社区存在某种程度上的隶属关系。不过，在完全学分制实施的背景下，学生群体间专业、班级甚至年级的界限日益模糊，作为学生的居住区，其地位也应随之上升，来满足学生以居民身份与学校以及相关社会机构进行实质性对话的要求。文化功能更多地表现为社区人文环境与居民生活的相生相融，成为社区居民接受文化教育的主要阵地。学生社区在文化功能上还要承担更多的责任，要确保"文化为了教育，教育为了学生"，具有更加鲜明的目标和内容指向。

（三）国内高校学生社区的分类

从 1999 年高校的扩招，到 2001 年在全国各地迅猛发展的大学城，学生社区在我国已普遍存在。从现存的全国各地学生社区的现状来看，学生社区的管理模式主要有三类。

1. 跨省（市）的大学城社区

这类学生社区的特点是规模大，入区的学校多。从入区大学所在的省（市）来划分，既包括大学城所在地的大学，也包括外省（市）的大学；从入区大学的性质来划分，既包括理工大学，也包括综合性大学和专门大学；从入区的学校层次来划分，既包括研究型的本科大学，也包括专科学校和职业技术学院。这类大学城社区的管理体系有待加强。

2. 同省（市）的大学城社区

这类大学城社区的特点是规模较大，入区的高校多的有数十所，少的也有几所到十几所，入区的大学属于本省（市）的大学。例如，杭州的下沙大学城，入住的有浙江财经大学、浙江工商大学、杭州师范大学、中国计量大学、浙江水利水电学院、杭州电子科技大学、浙江理工大学、浙江传媒学院、杭州职业技术学院等 15 所高校。上海市的松江大学城，入住的有上海视觉艺术学院、东华大学、上海外国语大学、上海工程技术大学、上海对外经贸大学、华东政法大学以及上海立信会计金融学院 7 所高校。广州市的广州大学城有中山大学、华南理工大学、华南师范大学、广东工业大学、广州美术学院、星海音乐学院、广州大学、广州外语外贸大学、广州中医药大学以及广东药科大学等十余所高校。南京市的仙林大学城有南京大学、南京师范大学、南京中医药大学、南京财经大学、南京邮电大学以及南京森林警察学院等十余所学校。武汉市的黄家湖大学城也是一个规划占地约 50 平方千米、规模达到 20 万学生的大学城。

3. 学生公寓式社区

由一所具有一定规模的大学构建的学生社区的特点是，在原学生公寓区的基础上，进行管理模式上的改革，即对原有计划经济条件下的学生公寓式管理模式实行社会化改革，实现社区式管理；随着学校规模的扩大，对新建的学生公寓实行社区化的管理。这类由单个学校构成的公寓式学生社区在全国也有不少。以浙江省为例，绍兴文理学院、湖州师范学院、湖州职业技术学院等都拥有学生公寓式社区。

二、高校学生社区化管理的现状

（一）高校学生社区化管理面临的机遇和挑战

全面实施学生社区化管理已经迈出了我国高校学生思想政治工作中具有代表意义的一步。在国内，各高校先后进行了各种形式的理论研讨和实践探索，解决了部分理论和操作问题。但是，全国高校地域分布广、地域和办学特色不一、教育环境和教育条件参差不齐等因素决定了任何一种管理模式的完善都要经历一定的过程。社区化管理在实践探索过程中仍存在许多具体挑战，表现在以下几个方面：

（1）内部机构关系和运作方式尚欠科学和完善。构建并处理好教育、教学、招生就业三大平台之间的关系，需要进一步处理好教学管理与教育管理、社会化服务管理与教育教学管理之间的关系，科学分析和分配学生教育管理平台内部机构间的权重等。

（2）对实施学生社区化管理后续问题的重视程度和研究不够，前瞻性理论探索较少。例如，对随着改革的进一步深化，政治、经济、社会、文化、教育等诸多方面将会出现许多新的变化，学生社区化管理如何适应这些变化等问题都缺乏研究。

（3）亟须提升学生社区的价值，使学生社区在学校机构设置、运行体制、社会效益、育人过程中体现出更大的效度和影响力。

（4）跨省（市）大学城和同省（市）多所大学集聚的大学城，存在着学生社区管理不统一的问题，可能导致一些不稳定因素从管理的薄弱环节滋生，成为影响全局稳定的因素。

（二）高校学生社区化管理实践

高校学生社区化管理主要就是对学生的管理服务和教育引导，是一种微观层面上的内部管理，当然也包括人力资源、财务、物资和信息的管理。

管理对象主要是高校学生。学生既是受教育者，又是居民和消费者，具有社会人的某种特征，但又与社会人有着明显差异。他们是一群身心发展水平相近的青年，具有强烈的互动性和有别于其他社会群体的生活方式；他们有相对一致的作息时间，他们的行为活动基本同步，上课、社会实践、业余生活等基本都是集体活动，具有一定的目的性、组织性、程序性。他们虽然院系和专业存在不同，个性也存在一定差异，但是总体上都是基于学校统一规章制度的要求，整体活动都是有一定的规律性和可控性的。因此，学生社区化管理也是基于此进行的，自然也就有规律可循。

在管理主体和内容上，学生社区化管理的内容主要有学生管理、后勤服务管理和学生自治管理。实施这三项管理工作的主体主要是学校的相关部门。学生管理工作主要是由学校党建思政工作队伍负责对学生进行思想政治教育，开展文体活动、读书学习、规范意识等管理和教育；后勤服务管理工作主要是由后勤一线管理服务人员负责安全保卫、后勤服务、物业设施设备等管理；学生自治管理工作主要是学生组织和学生自身在学校相关部门的指导下，自发开展一系列的自我管理、自我服务和自我教育的自治工作和活动。

1.单一院校学生社区化管理模式

在这类学生社区化管理中，学生来源单一，规模相对较小，管理容易到位。因此，随着社区党总支、支部、学生党员接待室、社区团组织、社区学生会、心理咨询室等的构建，从学校党委行政到社区学生寝室的完整管理体系就形成了，使各类社区管理中容易发生的问题能得到及时、有效的解决。这类管理模式总的来说比较成功。

2.跨省（市）与同省（市）学生社区化管理模式

这类学生社区化管理的特点为社区规模大、学生人数多、基础设施可以得到有效利用，在生活管理上可以取得相应的效益。同时，由于学生人数多、涉及的学校多，管理上也容易出现漏洞。出现这种管理的漏洞的原因主要是寝室管理的不规范，或者教学设施使用上的混乱。事实上，一个大学城在学生寝室的管理上是完全可以统一规范的，其教学设施也可以更好地得到利用。这里的管理漏洞，往往更多的是由各个地区、各所学校对学生管理要求的不一致、不统一导致的。有的学校管得严，有的学校管得相对松，这一严一松中，就可能出现管理信息上的不完整，问题就可能从薄弱部分反映出来。

教育部颁布实施的《普通高等学校学生管理规定》中第43条规定，任何组织和个人不得在学校进行宗教活动，各高校都应当坚决执行。如何将这一规定严格认真执行则是一个管理工作者需要研究的问题。因为过去个别高校曾经出现过非法传播宗教的活动，而且这些活动往往是秘密进行的。如果我们的学生社区化管理不到位，这种非法开展的宗教活动就可以从管理薄弱的学生社区入手，待时机成熟之后，再扩大规模。如果那时我们再来制止，就会花上更大的力气。从管理学上说，制止的成本就会更大；从政治学上说，就会产生不良的政治影响。因此，这类学生在社区化管理上需要解决的问题是如何在发挥规模效益的同时，避免由不同省（市）、不同高校在学生管理制度上的非一致性而产生的薄弱环节。

三、高校学生社区化管理的对策和成效

（一）高校学生社区化管理的对策

1.完善运行体系，优化体制机制

机制是不可或缺的"软件"，建设学生社区需要完善三大机制，即学生社区的运行机制、学生社区的志愿者参与机制和学生社区的内部激励机制。

学生社区的运行机制是学生社区得以正常运转的前提。运用学生社区公共设施和相关权力，以满足服务需求为目标，不断提高服务质量，保持服务的功能成本，长期维持服务的再生产。这种周期性的进程状态是学生社区的运行机制。这一机制本身说明学生社区组织的非营利性，或者说非营利性是学生社区行为的特征之一，是学生社区自我服务、自我调节功能的体现。不断地实现这一机制良性运转的关键是服务质量，服务质量同样也是确立学生社区形象的基础，是学生社区存在必要性的证明。

学生社区的志愿者参与机制解决的是培育学生社区人文生态环境的深层次社会文化问题。在西方发达国家，社区的志愿行为是社区存在的基石。在学生社区中建立一支具备一定数量和质量的志愿者队伍不仅是一种管理现象，更是一种文化现象。事实上，志愿者本身是社区意识的内在有机组成部分，是社区成员积极参与社区事务的显性表现。在学生社区，志愿行为是建立一个"以人为本、文明互助、共同参与"的和谐学生社区的重要途径。

学生社区的内部激励机制是学生社区凝聚人心、发挥作用的保证。学生社区的非营利性能否像企业一样产生关注效率的动力，这是一个复杂的问题。

其一，非营利性组织的动力主要在于获得居民的满意和社会的认可，这是一种深层次的心理需求。市场经济促使人们为利而动，在这种情况下，为他人和社区努力工作的人尤其会得到他人和社会的尊重。

其二，个人运用社区职能通过解决社区矛盾进而解决个人问题，是弥补个体力量薄弱的有效途径。一个发育良好的学生社区环境通过事务公开化、透明化，将工作者的各种努力、困难、成绩和失误显现出来，让工作者靠来自外部的反应去推动自己努力改进工作，从他人眼中看到自己的状态，从而调整自己的行为，进而完善自我。

2.借鉴国内外经验，强化实践创新

传统的学生工作观念一直轻视寝室的育人功能，将寝室当作完全的物化性

存在，因而在实际工作中只重视学生对生活环境的维护与保持，没有自觉地发挥学生寝室作为学校育人工作环境之一的应有作用。同时，由于工作视角单纯停留于单个寝室，而未能将以寝室为单位组成的学生社区纳入视野，我们也很少注意学生社区育人功能的发挥。如前文所说，学生社区不仅有区域概念，同时也具有育人功能。然而对于这一功能的隐性特征，我们未能准确地把握。以上种种观念、观点的误区导致我们未能认真地思考学生社区的作用，自然不会进一步去考虑如何建设好学生社区了。

在高校，学生的专业教育一般由各个院系来完成，学生的思想政治工作由学校和院系学生工作机构来完成，学生的物质生活需求由后勤部门来满足。而对学生进行未来生活训练，把他们培养成遵守社区规范、具备相应社区意识的文明公民的教育任务却没有一个成型的组织来承担，这无疑是高等教育的一个疏漏。从这个角度讲，建立学生社区、完善学生社区管理是完善高校育人职能、优化高校育人环境的必要举措，是当前高校学生工作迫切需要解决的问题之一。只有意识到了这一点，自觉地将学生社区建设纳入学生管理工作，并给予其应有的地位，学生社区培养社区现代公民的育人功能才有实现的可能。因此，要加强理论建设和创新一定要贯彻开放办教育的理念，不断增强学习意识与开放观念。高校学生社区化管理需要改革者的开放观念和博大胸怀，通过不断比较发现差距，促使在社区化管理的过程中自觉主动地探索理论，积极准备改革所需的条件，提倡各高校之间的交流与合作、互促互进，在实践中不断积累宝贵经验，夯实理论基础，加强实践创新，为高校学生社区化管理向纵深发展而共同努力。

3. 调整和平衡"管"与"教"的关系

学生社区建设是一项系统工程，必然需要对原有学生社区管理结构进行调整，科学处理教育和管理的权责关系。首先，必须结合高校实际对原有学生工作进行结构性调整，并建立健全相应的规章制度；其次，要从根本上解决这些问题，还需要处理好管理载体、教育平台、育人方式等全方位的问题，头绪纷繁芜杂，加之无成型的经验可借鉴，解决问题的难度还较大。但以结构调整为切入点，是一个比较可行的思路，具体实施过程需要处理好以下几个关系：

（1）处理好校学工部门、团委与学生社区管理委员会的关系。学生社区管理委员会（以下简称学生社区管委会）是校学工部的职能部门之一，是学生社区管理中最具有实权的管理层次，尤其在实现学生社区的维权功能方面，其作用更加明显。学生社区主要通过学生社区管委会实现与相关部门的平等对话，解决实际问题。团委介入生活区管理，主要体现在对生活区成员的思想教育与严格管理方面。各学院的学生工作办公室的主要负责人一般也是学院的团总支书记，因而共青团这条线的介入有利于加速形成一支由各院（系）团总支专职干部、各学生辅导员组成的公寓思想教育、纪律管理、寝室内务管理的队伍，有利于各项活动的协调，保证公寓后勤管理的顺利开展。同时，团委是学生思想政治工作与校园文化工作的主角之一，团组织又直接指导各级学生会组织，有利于将寝室文化活动纳入整个校园文化建设去综合考虑，从而引导寝室文化向高层次发展。

（2）制定制度和机构设置要同步。为了学生社区工作的顺利开展，制定诸如《学生社区居民公约》《学生寝室管理条例》《学生社区安全保卫制度》《干部教师联系学生社区制度》等相关制度是必需的。但从目前学生工作的状态来看，能否保障学生社区管委会具有相应的生活区管理权利，能否保障学生作为生活区居民与学校、后勤等部门具有平等对话的权利以及能否保障学生通过民主渠道参与生活区乃至学校相关事务，是影响学生社区生命力的决定性因素。

（3）根据学生社区职能，设立相应的管理机构。学生社区管理支委设学生社区区长一名、副区长一名、志愿者队长一名，也可根据实际情况适当增加管理人员的数量，从而形成学生社区区长、志愿者队长、楼长、寝室长为主的学生社区管理基层机构。校院级学生社区管理机构可在原有学生寝室管理机构（如寝管会）的基础上合理增加或加强学生社区的相应职能（如学生权利维护等）。这种管理方式并未对原有的学生管理结构做大幅度的调整，从而使其更具有现实的可行性。

（二）高校学生社区化管理取得的成效

实践表明，实施学生社区化管理不但可以较好地应对高校后勤社会化改革与教育教学改革给高校学生教育管理带来的新机遇、新挑战、新任务和新问题，而且使学生党建与思想政治工作的着力点更明确，体系更完善，育人机制更健全，对学生的教育管理成效也更明显。其主要作用表现在以下几点。

1.有利于优化服务和育人环境

在以社区党总支为核心的管理体系中，综合利用好各种服务机构，加强统一指导，能为学生的成才提供一个更加完整、科学、有序的体系和空间，使社区的管理和服务更加快捷、完备。社区化管理可以科学整合各种资源，增强教育管理合力，在社区管理体制下诞生各种健全、富有活力的社团组织，为社区创造丰富多彩的科技文化氛围，为学生素质的拓展提供更加立体的空间，对学生个体知识结构的完善、个性的培养和素质的拓展发挥了积极作用。从管理和经营角度提出社区的统一管理思想和教育理念，为学生的成才和教育机构的育人提供了更加优化的内外环境，能够有效保证高校连续扩招后教育管理质量和学生素质的稳步提高。

2. 有利于优化管理和育人效果

社区化管理营造出了以人文素质、健康成才教育等为主要内容的德育氛围。在这个氛围中，学生真正成为学校服务的对象和主体，所以学校自始至终坚持把学生的成才放在第一位。如果要在整个教育过程中真正地贯穿这一主旨，就必须为学生的成长与发展提供良好的物质条件，在此基础上创造良好的"求知、求真"的学术氛围，营造出一种以人文素质、健康成才教育等为主要内容的道德文化育人氛围，给予学生一种积极的引导，使学生在良性的德育氛围的感染熏陶下主动去锻炼、提高自己，最终培养学生良好的生存适应能力。

3. 有利于促进交流和情感联系

近几年出现的一些学生与学校间的法律纠纷一度成为整个社会关心的热点问题。专家指出出现这些问题的一个很重要的原因是学生与学校之间缺乏必要的平等的交流与沟通，因而引发了学生、家长、社会与学校之间的诸多矛盾。而社区化管理改变了师生以前对社区化管理改革的消极认识及评价。思政人员和学生社区中的党团组织机构与心理咨询机构的工作，缩短了学生与组织间的空间距离和心理距离，进一步体现出思想政治教育应具备亲和力与感染力的特点，师生之间、学生与组织之间、学生与学校之间的关系也更加自然和谐。

四、高校学生社区化管理的发展方向

（一）转变工作思路，树立"以人为本"理念

随着高校教育教学改革的深入，学生管理工作也应与时俱进、转变思路，树立"以人为本"的教育理念，做到教育和引导相结合、教育和管理相结合、管理和服务相结合。

一要树立服务意识。学生管理部门要放下架子，迈开腿，走近学生，了解学生，从学生的实际出发，关心学生，服务学生，要始终坚持"以人为本"的服务意识和理念。传统的学生管理对学生进行的是严格的规范约束，学生管理部门只扮演管理者的角色，学生只能处于从属或被动的支配地位。这种管理模式忽视了对学生的引导和教育，使学生管理工作"狭隘化"，不利于学生自主性、主动性的发挥。

二要维护学生权利。根据"依法治校"的要求，在校学生有维护自身权益的权利，当然也有应尽的义务。我们在推进管理的同时，要维护学生的合法权益，在程序正当、依据明确、证据充足的前提下处理学生事件，也要保障学生

享有陈述、申辩和申诉权。学校和学生都必须以法律或法规为准则，不能超越法律开展教育和学习活动。

三要强化学生自治。学生工作者在对学生进行教育管理的同时，也应平等地对待学生，并且要处理好学生和管理者的关系。学生管理工作，要由"学生工作处直接领导、以辅导员为中心"的学生管理方式，向"以学生工作处为指导，辅导员入驻学生公寓，拓展延伸到生活区，强调学生自治为主"的学生管理方式转变。学生管理工作要使学生认识到自己不仅是被管理者，还是管理者，从而有力地提高学生自我管理、自我服务、自我教育的积极性。

（二）结合高校发展，弘扬和培育大学精神

大学精神是高校发展的重要精神动力。大学精神的本质是创造精神、批判精神和社会关怀精神。弘扬和培育大学精神要求我们做到以下三点：一是要保证大学自身的根本生命力。大学作为人才培养的基地，创造性是其核心特质。在强化学生专业知识学习的同时，更要训练学生谨慎的思考态度、谦恭的行为、参与管理的能力，让学生在参与管理和服务中，挖掘潜力、勇于创新、大胆尝试，全面提升综合素质。二是要拥有海纳百川的博大胸怀。高校的发展无不是在继承传统的基础上，接纳新思想，包容新观念，鼓励新思路的过程。学生也要在这种精神的引领下，融入母校的发展，通过建立各类学生自治组织，参与到学校发展方针和战略的制定和谋划中，积极从学校主人的角度提出自己的意见和建议。三是要保证对社会精神文明的参与和建设。在当今社会，关注现实、服务社会成为高校的第三职能。学生通过校园文化的教育、引导和熏陶，在慢慢接触社会的过程中，锻炼了自己的社会实践能力，提高了自己的社会认知度，增强了自己参与社会管理和服务的本领，逐步形成了自己对社会的关怀和关爱意识，具有了社会关怀精神。

（三）拓展工作重心，优化学生管理工作机制

美国学生工作体制实行的是条状扁平结构，有效地简化了管理层级，提高了管理效率，扩大了管理效益。当前，随着我国高校学分制的推广和后勤社会化的逐步深入，传统的班级、年级、系和专业的概念逐渐淡化，很多高校开始尝试让不同专业和年级的学生混住在一起，宿舍已成为学生比较固定的学习和活动场所。从时间上说，学生待在宿舍里的时间一般要多于课堂时间，宿舍的整体氛围对学生的世界观、人生观和价值观的形成影响非常大；从空间上说，宿舍不再仅仅是学生休息和生活的场所，同时还是他们学会做人、学会相处以及获取信息的地方。因此，学生宿舍实际上已经成为课堂的延续，应该适时将学生工作重心向学生社区拓展、延伸，实现教学性事务和非教学性事务的分

离。高校思政工作者也要仔细研究学生社区管理和教育，发挥其育人功能，努力打造具有我国高校学生工作管理特色的学生社区。

（四）强化服务功能，满足学生成长发展需求

高校教育工作者要学会一分为二地来看学生工作中出现的各类问题，分析问题的根源，正确判断责任方，要做到具体问题具体分析、具体处理，避免盲目。要树立服务意识，增强服务观念，加强服务性管理、教育和引导，减少指令性管理。要牢牢把握学校的各项工作都是为学生服务的，都是为学生提供一切便利的条件以及满足了成长成才需求的。学校学生工作部门、教育教学部门以及后勤管理服务部门要从学生的实际出发，配备各类服务教育教学和学生全面发展的设施设备，制定相关保障措施，合理安排人员，切实做好后勤服务保障工作。

（五）完善管理制度，拓宽科学化的管理渠道

学校在推进学生社区工作的过程中，要充分听取学生的意见和建议，把尊重学生放在第一位。学校要在总结管理经验的基础上，建立一套规范化、制度化、科学化的管理制度。首先，管理制度在充分考虑权威性和连续性的同时，要做到赏罚分明，奖励好的、进步的行为，处罚违反规定的行为。其次，要注重制度的"柔性"作用，适当兼顾制度的引导性和弹性。针对不同岗位，编写具体工作岗位操作规范手册，规定与岗位相符的知识、能力和技能要求。学生工作者上岗前要进行岗前培训，上岗后也要适时进行再教育和再培训。同时，要学会应用先进的科技和网络管理技术，推行网格化社区管理模式，提高学生社区化管理工作的效率。

（六）确保管理成效，提高学生工作的专业化水平

为了有效提升高校学生管理工作水平，更好地服务于教育教学、服务于学生成长成才，学生工作的专业化研究势在必行。首先，要推进高校学科改革，通过设立专门的学生事务管理专业或研究方向，培养符合国内高校实际需要的学生管理人才，提高当前学生工作的理论水平、专业技能水平和专业素质。其次，要成立全国范围的学生工作组织协会或研究型机构，为全国高校学生管理工作者搭建交流工作、学习借鉴和互助的平台。再次，要出台行业道德行为规范和工作指导手册，确保学生工作者有具体的从业基本标准、评价依据和职业操守。最后，要积极开展校本学生工作管理研究，从本校的实际出发，摸索和研究具有本校特色的学生管理工作思路。

（七）转变工作方式，贴近学生实际开展工作

在衡量一所高校学生工作水平的高低时，是否针对每位学生特点进行个性

化指导和帮助就是重要指标之一。不同的学生具有不同的个性特征，学生工作就要求贴近学生实际、有的放矢，否则成效甚微。以咨询服务工作为例，西方高校十分重视咨询服务工作，他们通过专业化咨询和跟进指导，解决了大量学生在学习、生活、就业、心理等方面的难题。20 世纪 50 年代初，日本高校就有了咨询服务机构；美国高校也有学生咨询机构，一般叫咨询部或学习中心。高校一般都设立了专门的咨询工作机构，咨询内容涉及范围广，包含了学业辅导、生活指导、心理疏导、行为能力引导、勤工助学指导等，并已形成了相应的科学理论、有效的工作思路。我国高校学生咨询服务工作的系统推进相对较晚，力量还比较薄弱，需要及时转变方式，让咨询服务机构进驻学生社区，贴近学生实际开展工作。同时，要加强咨询服务的宣传和推广工作，鼓励学生敞开心扉，不回避、不拒绝，敢于进行个性化的咨询，使问题及时得到解决，以免影响学业。

（八）构建和谐校园，引导学生全面健康发展

在国外高校，学生管理工作以学生个人及其事务为关注点，学生活动基本在校园内，有时也会延伸到校外社区。此时的学生管理工作也随之扩展到了校外，在与社区、社会机构、政府等接触、广泛交流与合作的过程中，学生不但提高了工作水平，而且也拓展了工作视野。因此，无论是在国外高校，还是在中国高校，从事学生事务管理的工作者，都要充分认识到自己既是管理者和服务者，又是教育者和研究者。我们的工作就是营造一个积极、健康、和谐的学习和生活环境，为学生全面健康成长成才服务。

第三节　高校学生公寓管理模式

高校学生公寓是学生日常生活与学习的重要场所，是培养和锻炼学生自我管理、自我教育、自我服务、自我监督能力，有效开展学生的思想教育工作的重要阵地。因此，学生公寓的管理是高校管理中的重要组成部分，是观察学校整体管理水平的一个窗口，务必高度重视。

一、高校学生公寓的地位和作用

（一）高校学生公寓在学生生活中的地位

学生公寓是学生日常活动的主要场所，在大学生活中具有重要地位。扩招后，高校的办学资源改善步伐相对滞后，教室、阅览室比较紧张，其他文化、

体育、娱乐活动相对不足，学生的课余时间很大一部分是在学生公寓度过的。学生公寓的设施是否完备、安全，环境是否整洁优雅、舒适，服务是否周到，生活氛围是否和谐，社区文化活动是否丰富多彩，管理是否科学、规范，将直接关系到学生日常生活质量的高低，影响学生生理、心理能否健康成长和良好行为习惯能否养成。因此，加强公寓建设对学生的日常生活至关重要。

（二）学生公寓在学生管理中的重要作用

1.学生公寓是展示校风、学风建设的窗口

一所高校的校风、学风如何，不仅反映在教室、图书馆、实验室里，同时也反映在学生公寓里。因为学生的学习态度、劳动观念、组织纪律观念、集体观念在许多情况下都反映在占他生活时间三分之一以上的寝室里面。正因为如此，学校要协调学生思想教育与管理、后勤服务、安全保卫等各方面的力量，积极探索学生公寓中学校教育、管理、服务工作的结合点，加强学生公寓的管理服务和思想疏导工作，既为学生创造一个宁静有序、文明清洁的环境，也是消除学生因受其他不良影响而产生的抵触情绪的一项有力措施。

针对此特点，公寓管理必须从管理育人、服务育人出发，努力挖掘潜力，积极改善住宿生活条件，把学生视为服务的对象，让学生得到应有的尊重和关心。这是维护学校稳定的重要举措，也是创建良好校风、学风的前提，对学生的全面发展、成长成才十分关键。

2.学生公寓是思想教育和科学管理的镜子

学生公寓作为学生在校生活的集中场所，在学生的基本道德修养、学校的教育培养目标完成方面起着重要的作用。学生在公寓中的表现，往往与社会对人才培养的要求，与学校教育管理目标相联系。就当前学生的精神与学习生活而言，主要存在以下倾向：

（1）学生在自我意识、个人价值观念方面，比较注重追求与大学教育层次相适应的知识结构和文化娱乐，而忽视从社会的需要角度出发来完善自己。

（2）学生对一些水平高、影响大的活动感兴趣，也喜欢对一些深层次的社会现象、个人价值观念进行探讨，但却忽视个人劳动观念、清洁卫生习惯的养成和自我教育、自我管理、自我服务意识的培养。

（3）在公寓建设中，学生比较注重为自己营造一个安乐窝，而不能与整个公寓的管理保持协调一致。

（4）在公寓人际关系方面，学生注重自我个性的发展完善，而忽视将自己作为公寓的一分子加以完善和提高。

（5）同学之间交往密切，言谈举止不拘小节，学校的一些管理规章制度在公寓成员的相互默认中得不到严格的贯彻执行。甚至有些消极的现象，如学习风气淡漠、组织纪律涣散、轻视劳动、不服从管理、挖苦先进、标榜落后等，也时有发生。

因此，学生公寓是培养学生良好的道德行为规范，实现其德、智、体、美、劳全面发展和实施学校教育科学管理目标的一个结合点。通过学生公寓这个点，学校可以把深入细致的思想政治工作与严格的科学管理有机地结合起来，深入实际地了解学生的所想、所感、所为，真正地把握学生的思想动向。

3.学生公寓引导学生人生观和价值观的树立

学生公寓不只是单纯意义上的休息场所，而是一个重要的育人园地。来自不同地区、有着不同家庭背景和生活习惯的学生构成了公寓的人文环境，这是学生情感和思想比较自然、真实流露的地方。学生在公寓里交往，必将对各自的思想情感产生影响。在他们的交往中，或探讨人生、憧憬未来，或交流学习、谈古论今，必会有各式各样的社会思潮、信息观点等方面的交汇，并由此产生互动影响。所以，必须正确地把握学生公寓里的思想动态，及时地给予正确的启迪和引导，并通过多种方式和渠道，积极开展教育活动，引导学生明确方向、明辨是非，树立科学的世界观、人生观和价值观。

二、高校学生公寓管理的内容与方法

（一）高校学生公寓管理的内容

高校学生公寓管理具有服务、管理、育人三个主要功能。从公寓管理的功能就可以明白学生公寓管理应包括公寓内务及卫生管理、公寓区的治安管理、公寓纪律与秩序管理、公寓设施管理、公寓水电气管理、公寓电视及网络的管理等方面的内容。

（二）高校学生公寓管理的方法

良好的公寓环境是高校实施学生素质教育，促进学生德、智、体、美、劳全面发展的物质保障。科学合理的规章制度会对学生起到良好的导向、规范、协调和激励作用。因此，对学生公寓实施科学有效的管理十分重要。就目前而言，学生公寓管理大致有以下几种方法。

1.行政方法

行政方法是学校根据学生公寓管理工作的需要，设立专门的管理机构，配备相应的管理人员，根据学校的校规校纪和学生公寓管理制度、条例等，通过学生公寓管理人员、服务人员及学生干部，用强制性行政命令、规定，直接对住宿学生进行宣传教育，增强住宿学生执行规章、制度、规范的自觉性，使公寓管理有章可循，依法办事。行政方法是高校学生公寓管理普遍采用的方法。为了提高学生公寓管理行政方法的有效性，应科学运用相应的管理方式。

（1）行政命令管理方式。行政命令管理方式是凭借行政职权与权威，通过口头或书面等方式，发布必须执行的规定、决定、指示，它具有明显的强制性、权威性、直接性。对贯彻执行制度、条例规则的职责范围、处罚规定要明确具体；对不服从管理的要有相应的纪律、制度、惩处规定与执行程序做保障，以保证管理规章制度能贯彻执行，实现有效管理；对违反条例的处理要一视同仁，对管理条例的执行要做到公开、民主、公平、合理。学生公寓管理制度、条例、规则、规范的制定要科学，既要符合国家法规条例，又要有学生的认同。这就要求规章制度的制定，不仅应有管理人员、法律专家、主管领导，还应有规章制度的针对人，即学生或学生代表参与。这样的规章制度才会有牢固的群众基础，才能得到更好的执行。在具体实施行政命令管理方式时，要做到制度化、规范化、程序化管理。根据高等教育规律及以高校管理目标、基本原则、管理程序和学生公寓管理自身规律，应制定一套包括《学生公寓管理办法》《学生社区管理委员会工作条例》《学生公寓公约》《各级工作人员岗位职责》《文明公寓建设实施细则》等完整、系统的规章制度、管理服务规范和学生公寓日常工作处理程序，并采用多种方式向学生进行宣传教育，使学生一进公寓就知道应该做什么、不应该做什么。明确做好了按何种规定受到何种奖励、违反了规定接受何种处罚，使管理服务人员和学生都有纪可守，有章可循，建立和谐的人际关系，提高工作效率。

（2）激励方式。激励，是教育的一种方式。激励的直接着眼点在于激发学生的情感，产生良好的行为。公寓管理人员应掌握激励的艺术，不断创造条件，变换激励方式。同时，在激励过程中，开展思想品德教育活动，以对学生起到感化作用，解决思想认识问题，巩固激励成果。在学生公寓管理工作中，激励方法包括以下几种类型：

①参与管理激励。吸收学生参与管理，成立公寓管委会，对学生公寓实行民主管理，以激励住宿学生共同管理好公寓的积极性和主动性。

②目标激励。每学期公布学期、学年评选文明寝室和个人标兵的数量、条件、奖励方法，以激发学生达到某一目标的驱动力。

③荣誉激励。对积极主动配合公寓管理工作并做出贡献的个人或集体授予相应的荣誉，出光荣册、光荣榜，记入学生档案，为其他学生树立榜样、明确方向。

④物质激励。对于为建立良好公寓环境做出贡献的个人、集体，在运用上

述几种激励方式的同时，要辅以物质激励。例如，如按原定并已公布于众的标准、比例发放奖金、奖品等，激发学生参与和配合做好公寓管理的积极性。

⑤情感激励。公寓管理人员、学生社区辅导员要注意观察住宿学生的情感变化，对学生生活中的实际问题要帮助解决，如对经济困难的学生为其提供勤工俭学的机会，对生病的学生在医疗、饮食方面给予关怀，对某些有错误思想行为或失误行为的学生有针对性地给予关心、爱护、帮助，使其树立信心。

（3）疏导教育方式。疏导就是疏通、引导。疏导就是要创造条件形成某种疏通机制，让学生的某种情绪得到宣泄；就是要循循善诱，将偏差的思想、情绪引导到正确的方向上来。鉴于目前有些学生对加强学生公寓管理的意义不理解，有些学生在公寓开展经商活动，引来亲友、同学住宿，有些学校甚至还发生过异性同宿的现象。虽然学校采取过行政措施，强化了学生公寓管理，但收效甚微。对大多数学生，学校只能在强化行政管理、加强思想教育的同时适时采用疏导教育方式，倾听学生的意见和想法，掌握学生的心理，运用启发、商讨建议等方法，提高学生接受公寓管理规定、条例的自觉性。对学生的合理要求要尽量满足，或者创造条件分步骤实施；对学生的无理要求或者违纪行为要严厉批评。学校对待学生既不能强制压服，也不能放任自流，应采取积极疏导教育的方式。对后进学生要消除其心理"防线"，"晓之以理"，促进转化，以便做好学生公寓管理工作。

（4）学生参与管理方式。现代管理理论认为管理的核心是做好人的工作，充分调动人的积极性，使每个管理人员都能明确整体目标、自己的职责、工作的意义、相互的关系等，使其能积极、主动、创造性地完成自己的任务。管理心理学对"参与"和"认同"行为的研究成果表明，让普通成员以不同形式参与领导和管理可以增加成员的心理满足，增强工作动机，减少对抗，增强责任感、义务感，由于"认同"而产生关心、支持和主动帮助的行为。高校学生公寓的住宿对象是具备一定知识和技能的学生，校方应积极组织以学生为主体的学生公寓楼管委会，设层长、寝室长，吸收学生参与决策学生公寓管理模式，制定学生公寓管理目标，参与解决问题、处理事件的活动。这样，可以提高学生在学生公寓管理工作中对自我价值和重要性的认识，增加其对公寓管理决定的认同，从而提高向心力，增强自觉性，做到紧密配合，协同工作。同时，又可以使学生在参加公寓管理过程中提高组织管理能力。

学生参与管理是提高公寓管理效能的有效途径，也是育人的需要。学校学生公寓管理部门应从战略高度提高认识，积极支持，并要因时因校制宜，实行民主管理。条件成熟的学校可让学生自我管理，在行政上给予指导、支持和帮助。学生参与公寓的管理一般有三种方式。第一种是咨询参与，对学生公寓的管理模式、重大的管理改革措施、改革方案、规章制度建设等提出意见和建议。第二种是决策参与，对学生公寓管理中学生关心的重大问题，选派学生代表组成调查研究小组在调查研究和系统分析的基础上直接参与决策。第三种是行政参与，通过学生代表参加的校学生公寓管理领导小组或学生公寓楼管委会对学生公寓进行日常行政管理。

2.经济方法

经济方法是经济组织利用物质利益来影响所属人员行为并使之目标与组织目标相一致的一种管理方法。随着教育体制改革的不断深化，学生公寓管理应加强高校经济核算，提高教育投资效益，对学生适当采用经济方法进行管理，如对学生收取学杂费、住宿管理费等，同时变助学金为奖学金、贷学金。入学时学生先交费后注册，对于不交费或严重违反公寓管理规定的，学校不准其在学生公寓住宿；将住宿学生在公寓的表现作为道德操行，实施考评德育分与评奖学金挂钩；在公寓日常管理中核定水、电用量，超指标加价收费，减少水、电浪费；为防止损坏公物，学生住宿时每人交一定数额的押金，作为损坏公物时的扣款赔偿。

总之，适当运用经济方法有利于完善学校及学生公寓的管理职能。但经济方法不是万能的，作为国家主管主办的高校，不能过分强调以经济制裁为手段进行公寓管理。对学生的收费要适度，损坏公物要酌情赔偿，违反规定要合情合理处理、严格控制，避免处理不当。

（三）依托学生公寓开展学生心理健康咨询活动

学生正处于青年时期，存在着青年的特点和青年知识分子的特点。学习竞争的激烈、就业形势的严峻、爱情问题上的不如意、与同学交往产生障碍而导致的焦虑、部分同学经济上存在的压力和家庭教育的不平等都导致了当前高等院校部分学生在心理上存在这样那样的问题。对于学生管理工作者而言，这类问题是绝不可轻视或忽略的。对此，校方有必要选聘有经验的、学生信得过的教师、心理医生在学生公寓开设咨询室，用社会学、心理学及医学知识和生活经验等开展心理健康咨询，帮助学生解除困惑，培养积极的心态，使他们适应环境变化，树立信心。这对于学生公寓管理工作是一个有效的辅助管理方法，也是学生公寓管理人员参加教育过程的有效措施。

学生公寓心理咨询方法的特点是学生由被管理的被动地位转为主动地位，而管理者（教师、医生和管理人员）由主动地位变为被动地位。学生心甘情愿地向管理者诉说自己的"遭遇""苦衷"，以求得对方的同情、理解和指导，从而使焦虑、郁闷、孤独、压抑的情绪得到某种释放和宣泄，保持心理平衡。

心理咨询方法对帮助心理有障碍、行为受挫折的学生消除消极的心态、树立信心有重要的作用。学生认为对方是自己的师长父辈、"救命"的医生，是信得过的，心理上消除了"防卫"和"戒心"。因此，学生对他们阐述的道理、行为规范、健康知识能听得进去，能双向交流感情，探讨问题，有较强的针对性，利于和谐师生关系的建立，激发学生的潜能，消除学生的自卑、自弃心态。

学生公寓管理运用的心理咨询方法有各种不同的方式。一般来讲，单独面谈，或约几个知心朋友一起谈，或采取书信、网上交流等方式回答问题、交换意见都是可行的。也可以针对学生中普遍感兴趣或带倾向性的问题举办研讨会，或开设咨询课，或请有名望的专家、教授医生做专题讲座，并当场回答学生的问题，引导学生健康成长。

三、高校学生公寓管理的体制

（一）高校学生公寓管理体制的概念

管理就是在特定的环境下对组织所拥有的资源进行有效的计划、组织、领导和控制，以便达成既定的组织目标的过程。管理不仅为实现组织目标服务，还要运用组织中的各种资源来实现目标。管理工作的过程是由一系列相互联系、连续进行的活动所构成的，也是在一定环境与条件下进行的。所以管理工作离不开特定的政治、经济、文化环境和条件，离开了特定的物质和政治文化条件来空谈管理，是不可能产生管理效果的。

所谓体制，就是指国家机关、企业、事业单位等的组织制度。我国的学生公寓管理体制是指在中国特色社会主义市场经济体制的现行教育体制和办学模式下，为了实现高校学生公寓的科学管理，为学生提供良好的生活、学习环境，通过对学生实施教育、管理、服务实现育人目的而设立的学生公寓管理机构。在公寓管理过程中应明确学生工作部门、后勤服务（物业管理）部门、安全保卫部门、学生政治辅导员、公寓管理人员之间的职责和权限的划分，以及学生公寓管理的有关规章制度、管理决策程序等。

（二）高校学生公寓管理体制的类型

随着我国改革的逐步深化，尤其是高校后勤社会化的推进，学生公寓管理体制也在不断地发展变化。就目前而言，高校学生公寓管理体制主要有以下几种类型。

1. 学生自治体制

学生自治体制是人本化管理在高校学生管理体制中的具化。人本管理思想是针对 20 世纪初过于强调对一切作业活动的计量定额、强调严格的操作程序而忽视了对人的管理的泰勒的科学管理而提出的一种人性化管理。人本管理在知识经济时代的立足点与核心是人的知识、能力的提高和创造力的培养，它要求管理者始终坚持以人为本的观念，建立起让每一位成员都有机会施展才能的激励机制，努力营造尊重、和谐、愉快、进取的气氛，激发人们参与管理的热情、想象力和创造力。具化到学生管理体制上就是学生自治体制。学生自治体制通过从住宿学生中公开选聘从事管理、服务工作的学生公寓管理机构的工作人员，从而制定相应的学生公寓管理制度、条例、工作程序、考核及奖励办法。

同时，成立学生公寓民主管理委员会，制定民主管理制度，使民主管理委员会的民主职权与学生公寓管理机构履行的管理职能同步、相互制约，以提高学生公寓管理水平。学校为学生住宿提供必要条件，配备相应的设施、设备，为有效地开展学生公寓管理工作创造条件，授予职权，给予指导，积极理顺关系，做好服务工作。学生自治的形式有两种：一种是学生公寓完全由学生负责经营，自我管理、自我教育、自我服务、自我监督，学校给予支持、指导，如深圳大学、华侨大学、湖州职业技术学院等就是这种形式。另一种是学生公寓管理由学校提供支持、帮助，保证学生公寓管理服务正常运行的同时，学生实行自我管理、自我服务。

2. 行政管理体制

这种学生公寓管理体制由后勤部门为学生提供住宿条件，学校用行政方法集权领导，分散管理。管理方式、收费标准等都由学校领导决定。在管理过程中，学生工作部门、安全保卫部门、后勤服务部门按具体的分工各负其责。行政管理体制虽是行政集权，管理有力度，但由于分散管理口多，会出现各自为政、互相脱节的现象，管理人员与学生之间容易产生对立情绪。诚然，这种管理体制在一定的时期内曾起到积极作用，但在提倡民主、和谐的时代其存在不少弊端，有待于进一步探讨、完善。

3. "主辅"管理体制

此种管理体制以行政管理为主、学生参与管理为辅，其形式主要有两种：一种是选聘或有关部门推荐学生直接担任学生公寓管理机构的副职或助理，协助中心主任（或科长）做好学生公寓管理工作并由他们负责学生公寓楼楼委会的有关工作；另一种是由学生代表参加组成学生公寓管理委员会，协助学校做好学生公寓管理工作。"主辅"管理体制既可充分听取学生的意见和建议，锻炼学生的组织能力，又利于管理人员与学生之间沟通信息，交流感情，使学生承认并支持学校采取的管理决定和措施。

四、高校学生公寓管理模式的含义与类型

（一）高校学生公寓管理模式的含义

高校学生公寓管理模式是指高校对全体学生公寓进行管理活动时所采取的组织形式和管理方式。高校学生公寓管理模式是对学生公寓进行系统管理的前提，它受到社会制度、学校规模和学校管理体制等多种因素的制约。管理模式是否恰当对能否充分发挥学生公寓管理的效能、全面实现管理目标有着重要的影响。因此，各高校都十分重视对学生公寓管理模式的探索。

（二）我国的高校学生公寓管理模式

在我国，目前各高校所采用的学生公寓管理模式大致可分为以下几种类型。

1. 学生自治管理模式

这种模式要求学生自己组织起来，自己负责公寓的安全、水电、公物维修，作息制度、卫生制度的制定和执行监督等。学校只给予学生理论上、方向上的指导和适当的经济补贴。这是充分体现学生公寓民主性管理原则的一种模式。实现学生自治管理的主要机构是学生公寓自我管理委员会，该委员会的成员由广大学生推举产生，报经学校批准。该委员会负责公寓各种宣传、各种规章制度的贯彻落实、各项工作的检查评比、各种违章行为的批评处理、各种服务设施的使用及维修等一切公寓管理活动。学生自治管理模式对于公寓管理具有针对性强、灵活性大、范围广、效益高等优点，在理论上值得推崇和肯定。但实际推行起来却往往因学生群体的自觉性不够，同时缺乏大批得力、过硬的学生干部而困难重重，因而只是在理论上加以肯定，在实际学生公寓管理工作中却不常用。

2. 学生工作系统主管模式

这是以学生工作系统为主来管理学生公寓的一种模式。此模式由各院（系）分管学生工作的党总支书记或副书记、团总支书记、政治辅导员和班主任组成的学生工作领导小组全盘兼管学生公寓的安全、水电、卫生、维修等管理工作，后勤部门只提供物质保障。学生工作系统主管模式的针对性、灵活性较强，有利于加强对学生的思想教育工作，促进学生的全面发展。但由于学生工作领导小组成员的精力有限，教学、科研、公寓管理工作很难兼顾，往往忙得团团转，顾此失彼。因此，这种管理模式也逐渐不再采用。

3.行政分工管理模式

此种模式是我国传统的学生公寓管理模式，由学校各部门按其工作职能分别负责某一单项的学生公寓管理工作，如后勤服务部门提供公寓、设备及负责维护环境卫生等；校团委负责学生的思想教育工作；校保卫部门负责学生公寓的安全。行政分工管理模式把整个学生公寓管理工作分解成若干部分，划分细致，职责明确，有利于各专职部门所从事工作的制度化和规范化。但是，随着学生公寓管理工作的日益复杂化，行政分工模式越来越不适应实际工作的需要，日益暴露出政出多门、推诿扯皮、协作性差、形不成合力等缺点。所以，在当今学生公寓管理中这种模式已逐渐被其他更先进、更合理的管理模式取代。

4.学生综合管理模式

所谓综合管理，就是以后勤服务总公司或学生工作部（处）为主管单位，学生公寓管理科或学生公寓管理中心为主要责任方，将后勤部门、安全保卫部门、思想品德教育和学生工作部门，相关院（系、部）及参加学生公寓管理工作的学生工作干部、管理员、保安人员等按职责分工，使其相互配合，共同做好学生公寓管理工作。在公寓管理过程中，行政管理、思想政治教育、经济、咨询疏导等方法和手段应交错使用，以提高学生公寓管理的整体效能。管理的内容包括学生公寓的卫生、治安、秩序、日常维修等，通过管理使学生公寓内整洁美观，公共场所清洁卫生，房屋、设施、水电供应始终保持正常状况，公寓秩序井然有序。管理人员、服务人员、治安保卫人员应积极治理公寓环境，主动做好防火、防盗工作，及时预防和妥善处置突发事件，实现教育、管理、服务一体化。学生综合管理模式目前在我国高校学生公寓管理中较为普遍。在新形势下，伴随着高校后勤社会化的逐步完善，对于学生公寓如何更有效地发挥好教育、管理、服务三项功能，不少高校进行了有益的探索。湖州职业技术学院的学生社区管理模式就是其中的典型，管理成效明显，形成了学生管理、物业管理、安全保卫、饮食服务"四位一体"的管理模式。

第四节　高校学生社会实践管理模式

高校人才培养途径是多种多样的，正确引导学生参加社会实践就是其中重要的一种。在早期的大学里，主要是通过在课堂上系统传授理论知识来培养人才。随着社会生产力的不断提高和发展，对教育和人才培养也提出了新的目标，这种仅仅靠传授理论知识培养人才的方式已渐渐不适应时代。因为现代化的生产过程不仅要求人才掌握大量的理论知识，而且还应该具有较强的动手和创造能力，具有科学的社会观和责任感，具有较高的道德素质和心理素质，这些方面仅仅靠课堂教学是难以完成的。所以，现代工业产生后，社会实践就作为一种重要的教育方式被引进大学的教育过程，其重要作用日益引起人们尤其是教育工作者的重视。

一、高校学生社会实践的科学内涵

高校学生社会实践是一种以实践的方式实现高等教育目标的教育形式，是高校学生有目的、有计划地深入现实社会，参与具体的生产劳动和社会生活以了解社会、增长知识技能、养成正确的社会意识和人生观的活动过程。学生社会实践是高校教育活动的重要环节，它与课堂教学相辅相成，共同完成高校的人才培养任务，实现学生的全面发展。

高校学生社会实践对学生的全面发展具有重要的意义，具体来说主要表现在以下几个方面。

（一）社会实践帮助学生建立科学的世界观

世界观是人们对世界的一般看法和根本观点。人们在生活的过程中都会形成自己的世界观，但由于个人生活环境、所受的教育和影响不同，人的世界观也有很大差异。总的来说，世界观有正确和错误之分，而正确的世界观经过理论化、系统化就会成为科学的世界观。学生树立正确的世界观需要靠两个方面的努力：一方面是学生要经常与社会接触，不断突破事物的表面现象，深入事物的本质，从而不断校正原来从现象上获得的肤浅的或错误的认识，使自己的认识符合事物的本质及规律；另一方面是要对学生进行系统的思维训练，使学生通过学习前人正确的世界观理论了解人们在世界观上容易走上歧途的种种可能，让学生对自己的世界观经常进行反思，并不断地充实新的科学的内容。因此，社会实践对学生建立科学的世界观很有必要。

（二）社会实践推动学生的社会化进程

社会化是指个人与社会生活不断调适，使个人由"自然人"发展为"社会人"的过程。社会实践可以增强学生的社会责任感。很多高校组织学生到基层开展社会实践的活动使学生提高了对改革的复杂性、艰巨性的认识，增强了他们的社会责任感。在社会实践中，越来越多的学生认识到，社会需要的不是冷漠的旁观者，也不是抱有同情心的捧场者，而是需要热情的、直接参加这项伟大建设工程的人。

通过社会实践，许多学生克服了原来自视清高的习气，自觉并充满激情地投入学习、生活和工作。社会实践可以推进学生实现社会角色的转变。社会实践活动能够帮助学生找到自己和社会要求之间的差距，看到自身知识和素质上的缺陷，启发学生对自己进行重新认识和正确评价，促使学生从过去的"唯我独尊"的幻想中回到现实，重新确立自我价值实现的基点，在纷繁复杂的社会中找到个人和社会的最佳结合点。社会实践可以促使学生与长辈们沟通代际关系。当前一些学生图安逸怕吃苦，自视清高，却认为他们的父辈过于保守、正统，两代人之间形成了一层无形的隔膜。究其原因，主要在于有些学生对父辈缺少了解。在社会实践中，学生以普通劳动者的身份直接参加的社会财富的创造活动培养了他们尊重劳动成果、尊重父辈们的思想感情。总之，在社会实践中，两代人之间可以相互沟通和相互理解，消除彼此对对方的偏见，进而有效地促进两代人之间的交流和融合。

（三）社会实践有助于学生能力的提升

当代部分学生在一定程度上存在着眼高手低、忽视社会实践、脱离群众、动手能力弱等缺点，而积极踊跃地参加社会实践活动有利于弥补这些不足。受片面追求升学率的思想影响，部分学生只注意书本，不注意社会实践，存在"高分低能"的状况。这严重阻碍了他们在各项建设事业中发挥作用，延缓了他们成才的进程。实践是成才唯一的桥梁。只有实践活动才能使书本知识与实践操作合二为一。

事实证明，社会调查、科技咨询、信息服务、义务劳动等社会实践活动不仅可以使学生的智力资源得到直接的、有效的开发，达到分数与能力的统一、书本知识与实践的结合，还可以使个性不同的学生通过实践活动各获所求，各取所需，"缺什么，补什么"，从而有效地完善现行的教学方法，弥补学生自身的不足。

（四）社会实践促使学生贴近群众

回顾历史，凡是有所作为、有所创造的青年和知识分子无不投入了轰轰烈烈的社会实践。许许多多的政治家、经济学家、教育家、军事家、文学家等都是在社会实践活动中茁壮成长起来的。他们在实践中身体力行，为我们提供了光辉的典范。只有广泛、深入地参加社会实践活动，和广大群众相结合，学生才能健康成长。

（五）社会实践助力学生融入现代化进程

当代高校学生将成为21世纪初期我国社会主义现代化建设的骨干力量。按照党中央制定的"十三五"规划和两个百年奋斗目标，我们国家的社会主义建设任重而道远。学生参加社会实践的，可以在社会主义物质文明、精神文明、政治文明建设以及更深入的改革开放进程中大显身手，在树文明新风的社会实践中促进经济、政治、文化的平衡发展，从而对社会全面发展发挥积极的推动作用。

二、高校学生社会实践的具体实施

（一）高校学生社会实践的内容

1. 深入企事业单位，开展社会调查

学生通过深入城镇、乡村开展社会调查、考察；深入城乡各地、部队、科研院所、企事业单位开展社会考察和社会调查活动，从而了解社会、了解国情，同时对社会和企业的发展献计献策。社会调查和考察的直接目的是了解社会的实际情况，认识社会现象的本质及其发展的客观规律。这是一种收集和处理社会信息的方法，在现代社会具有越来越重要的作用。

2. 深入企事业单位，开展社会服务

学生通过深入城镇社区和贫困乡村开展文化培训、科普讲座、法律宣传和咨询活动，服务社区和乡村的两个文明建设。

科技服务活动面向经济建设主战场，面向城镇社区、县乡的中小型企业、乡镇企业。学生结合所学专业，发挥技术特长，在教师的指导下开展科技攻关、工程设计、科技成果推广、科技咨询和技术服务等活动，使科学技术为现实生产服务。

信息服务活动是指通过一定的途径把人才、工农业科学技术及社会生活等方面的信息资源的开发利用情况提供给被服务单位，并把被服务单位的信息传递出去，以期取得一定的人才效益、社会效益和经济效益。学生通过在校的学习掌握了一定的专业知识，可以通过开展信息服务活动把信息资源的开发过程及成果传播到各个领域，进一步加以利用，在信息资源的开发利用之间架起一座桥梁。

3. 深入企事业单位，开展教学实习

高校学生党员与城市社区党员、农村基层党员、企事业单位党员联合，积极开展创新争优、"两学一做"、主题教育、党的先进性和纯洁性教育等互动活动。

教学实习是教学计划内的社会实践，是在教学计划规定的时间内进行的，要求每位学生必须参加并取得学分，是实现专业培养目标、保证人才品格质量的必修课。教学实习包括认识实习、生产实习、毕业实习等，是理、工、农、医等专业学生社会实践的主要形式，是把生产劳动引入教学，对学生进行思想政治教育、职业道德教育、专业教学和职业训练的基本环节。

4.深入企事业单位，开展勤工助学

勤工助学对学生个人和国家都有重要的意义。对于个人来说，它有助于学生个人的成长和成才；对于国家来说，它有助于国家高科技人才的培养，有助于国家教育制度的改革和教育的不断发展。在假期，学生所做的兼职教师、推销员、打字员、秘书、酒店服务员等工作一方面可以在一定程度上解决贫困生的经济问题；另一方面也是高校开展社会实践活动、培养学生自立自强精神的有机组成部分。

具体来说勤工助学主要包括校内公益劳动，校外社区服务活动，与企事业单位、部队、科研院所、乡村、居民委员会、商业企业等单位开展的其他形式的勤工助学活动。

（二）高校学生社会实践的形式

1.活动型社会实践

这种社会实践以文化、科技、卫生下乡为主，通常做法是学校与某地联合，在某地以学校为主，组织一台甚至几台文艺演出，动员群众前来观看；或组织大型的科技咨询、文化宣传、医疗服务活动，场面宏大，气氛热烈，影响也较大。但投入多，组织过程复杂，参与的学生也不是很多。目前这种社会实践已成为学生社会实践的主要形式，但仍然需要改进。

2.参观型社会实践

这种社会实践通常是组织学生到风景名胜、工厂参观考察、座谈了解，虽然能对学生起到一定的教育作用，但除了能增进学生之间的友谊、加深学生对祖国大好河山的了解以外，能真正达到教育目的的可能性较小。于是学校就把这种社会实践作为对优秀学生或学生干部的奖励，组织少量学生参加，但取得的效益却不大。

3.课题型社会实践

学校以教师牵头，各相关年级学生参加，组成课题小组承担政府或企业的课题，通过广泛深入的调查宣传活动对课题进行攻关。学生参加这种实践的积极性比较高，而且这种活动能得到一定的社会资金支持，也能长期开展下去。

4.生产型社会实践

这种社会实践的参与者以高年级学生、研究生、博士生为主，他们参加生产活动的某一环节，成为其中的一员。一方面，既利用自己已有的知识促进了生产的发展；另一方面，又在实践中学到了书本上没有的知识，相得益彰。这种社会实践有着较强的生命力。

5.挂职型社会实践

这种社会实践主要是以组织的形式到机关社区、乡村当中挂任各种职务的助理，做一些社会工作的实践。这种社会实践深受机关、社区、乡村的欢迎，但目前参加的人数较少。

6.互动型社会实践

这类社会实践的参与者既有学生（含学生党员），又有城乡基层的市民、农民（含党员）。在活动中，他们互为参照对象，相互学习、相互帮助，不仅双方共同获得进步，也在一定程度上促进了社会主义物质文明、精神文明和政治文明建设。

7.学生自发型社会实践

学生在假期通过参加社会招聘活动、上门自荐活动等形式参加到各种社会生产活动中去，除能体验社会生活活动中的酸、甜、苦、辣外，还能利用自己的所长，在为社会服务的同时取得一定的报酬以用补贴学习或生活所需。这种社会实践除参加的学生较多外，学校支出也不是很大，应该进行鼓励。

三、高校学生社会实践的制度化建设

高校应把学生社会实践纳入整体教育计划，通过制定短期规划、长远规划和配套文件，形成一套完善的学生社会实践制度。它对实践活动的指导思想、方针原则、目标要求、形式内容、方法途径、时间要求、成绩考评、工作量计算、奖励办法、组织领导以及有关政策都应做出明确的规定，并随着学校体制改革不断加以修订，使活动贴近学校的发展实际，有章可循。高校学生社会实践的制度化建设应包含以下内容。

（一）建立社会实践领导小组制度

学校应成立由分管学生工作的党政领导和教务、科研、总务、学生处、团委等部分单位组成的学生社会实践活动领导小组，负责对全校社会实践进行统筹安排，制订计划，组织落实。各院（系、部）成立由分管学生工作的党总支书记（副书记）、团总支书记与学工办主任等参加的社会实践领导小组，负责本院（系、部）学生社会实践计划的制订与实施。同时，也可吸收校外人士，如地方政府负责领导、地方市团委同志及企业负责同志共同组成社会实践领导小组，建立友好关系，以便于高校社会实践在地方、企业的顺利开展。

（二）完善社会实践活动基地建设制度

随着学生社会实践不断走向成熟，社会实践基地建设制度也成为一种趋势。相对于实践初期分散、随机的活动，基地活动可以有长远的计划，为培养人才制订完备的方案，同时也有利于基地方与校方建立长期互惠关系，使社会实践在双方自愿的基础上健康发展。社会实践基地制度建设包括两个方面的内容：一方面是为教学研究服务的社会实践基地的制度建设。这类基地包括城市工商企业、农业生产单位等基地。另一方面是思想政治教育和党建社会实践基地的制度建设。这类基地包括城市社区、农村基层组织、各类爱国主义教育基地（革命纪念馆、革命博物馆和烈士陵园等）等。

（三）建立社会实践指导教师队伍制度

开展学生社会实践的经验证明，社会实践要取得成效离不开教师的积极参与。因此，必须建立社会实践指导教师队伍制度。不同的社会实践需要不同的指导教师：为教学研究服务的社会实践由专业教师或相关专业的技术人员做指导教师；思想政治教育类的社会实践由政治辅导员、政治理论教师或校外政工干部做指导教师。从而能够借助指导教师在人格、理论、知识、专业上的优势增强社会实践的生命力，实现实践过程中全方位育人的功能。建立社会实践指导教师队伍制度一般要考虑以下因素：

（1）基地的性质（教学研究服务型的社会实践基地和思想政治教育型的社会实践基地对教师的要求有所不同）。

（2）学校的有关政策。

（3）教师的地位和作用。

（4）实践过程中的组织领导。

（5）纪律要求。

（6）地点的选择和安排。

（7）职称评审和职务晋升。

（8）工作量的计算。

（四）建立社会实践考核与激励制度

考核激励是提高社会实践活动成效的有效方式之一。对学生参加社会实践活动定内容、计学分；对教师定任务、计工作量；对院（系、部）和教研室制定规划和考核措施。社会实践活动情况要做到"八个挂钩"，即与学生德、智、体、美、劳综合测评成绩挂钩；与奖学金挂钩；与评选先进个人和集体挂钩；与团员民主评议、推优入党和推荐免试研究生挂钩；与评选优秀党 / 团员挂钩；与学生的学分挂钩；与单位和个人的经济利益挂钩；与教师工作量和干部业绩的奖惩挂钩。这样，才能调动学生、广大教师干部以及社会各界、各单位参与社会实践的积极性、主动性，使社会实践形成有机运作、自我驱动、有轨发展的动力机制。

四、高校学生社会实践的发展趋势

（一）实践组织的科学化

作为系统工程的学生社会实践能否获得理想的效果，不仅取决于实践活动的社会化程度和实践制度的规范化程度，还取决于实践组织过程中的科学化程度。学生社会实践作为高等教育的重要组成部分，社会将会对它提出越来越高的要求。实践组织的科学化正是要通过不断地研究社会实践的基本规律并严格遵循规律组织实践活动来动态地满足社会的要求。因此，实践组织的科学化就成为社会实践活动发展的必然趋势，它将贯穿于社会实践活动的全过程。而具体实践组织过程中实践组织的科学化又依赖于实践活动有机组织系统的确立和科学组织理论的指导。

（二）实践制度的规范化

实践制度规范化的目的，是使社会实践活动做到有章可循、有据可依，保证社会实践活动持续有效开展。实践制度规范化的标志是富有权威、系统全面、切实可行并具有自我发展机制的实践制度体系的建立。

（三）实践活动的社会化

学生社会实践活动作为教育活动的主要形式之一，具有三个基本的构成要素，即实践活动组织者、实践活动本体和实践活动主体。因此，实践活动的社会化也由这三个构成要素的社会化来组成。这三个构成要素的社会化分别有其不同的含义。实践活动组织者的社会化是指动员全社会的力量来关心、组织学生的社会实践活动，这是实践活动社会化的基本条件；实践活动本体的社会化是指具体实践活动过程的内容与形式必须以社会需要和社会所提供的条件为基础，这是实践活动社会化的重要途径；实践活动主体的社会化是指通过实践活动把社会的价值体系内化为实践参加者（学生）的价值体系，使之成为合格的社会成员，这是实践活动社会化的根本目的。由此可见，实践活动的社会化就是指动员全社会的力量组织以社会需要和社会所提供的条件为基础的实践活动，最终达到把学生培养成合格的社会成员的目的。

第五章 高校学生管理队伍存在的问题及建设路径

高校学生管理工作的要求和内容能否落到实处，关键在于能否培养一批高素质的高校学生管理队伍。高校学生管理队伍是保证高校坚持社会主义办学方向、全面贯彻党的教育方针、培养德智体美劳全面发展的社会主义事业建设者和接班人的一支不可缺少的重要力量，是高校教师和管理队伍的重要组成部分，是学生教育工作的组织者和指导者。习近平总书记指出："教师是立教之本、兴教之源，承担着让每个孩子健康成长、办好人民满意教育的重任。"

第一节 高校学生管理队伍概述

教育队伍建设不但是进行高校学生管理的基本要求，本身也是非常有意义的德育活动。它集中体现了教育的道德基础、伦理功能、社会意图和人文关怀，同时也会遭遇教育的现实瓶颈和矛盾冲突，其建设经验是高校学生管理工作的重要参考。因此，无论是作为一种道德价值存在，还是作为一种道德价值的承载，教育队伍建设在高校学生管理质量提升进程中都具有不可替代的意义。

一、高校学生管理队伍建设的重要性

（一）建设一支高素质的学生管理队伍是时代发展的客观要求

新时期的高校大学生必须肩负起光荣而伟大的历史任务，做一个合格的、优秀的新时代青年。在高校学生管理工作的开展过程中，应该深入进行马克思主义基本理论、党的基本路线和基本纲领等内容的教育，帮助他们树立起坚定的理想信念。在学校群体中的宣传教育中，应引导他们树立中国特色社会主义的共同理想。要加强高校学生管理工作，应该妥善处理好各种矛盾和问题，特别是对于涉及学校成员切身利益的矛盾，一定要谨慎处理和对待，以保持友好团结的局面。

爱国主义教育是高校学生管理工作中的重要组成部分，要抓住学校群体的思维特点和心理需求，结合他们的需求深入开展以爱国主义为核心的团结统一、爱好和平、勤劳勇敢、自强不息的民族精神教育。党团组织应该充分发挥自己在高校学生管理工作中的领导作用，通过合理的规划与管理在学校群体中全面开展高校学生管理工作，坚定学校成员的政治立场。精神文化教育是提高高校学生管理工作质量的重要途径，同时也是进行思想政治素质教育，提高人们思想政治水平的重要方式。

（二）建设一支高素质的学生管理队伍有利于把握学生管理的整体进程

就当前环境需求而言，由于社会处于转型期，多种因素不可避免地影响着高校师生的思想变迁、心态转化和行为抉择。从总体上说，高校教师队伍主流是好的。他们具有较高的思想觉悟和政治素质，能够在各种社会群体中发挥先锋模范作用，能在复杂的环境中坚持正确的政治观念和健康的思想情操。但也有极少数的教师在政治上、思想上、工作上、作风上受社会腐败风气影响，政治观念自觉不自觉地淡化，政治立场自觉不自觉地动摇，逐步丧失坚定的理想信念，沦为物欲的奴隶。这批人员虽然只占极少数，但是倘若不予以高度重视，则会造成更严重的破坏，俗话说得好："千里之堤，毁于蚁穴。"倘若高校学生管理工作没有大学教师的高道德水准作为标杆和示范，高校学生管理及其相关活动就会使学生普遍认为是一种虚伪。

为此，我们必须大力加强高校教师队伍建设，"正本"方能"清源"，从方法论的视角阐述提高高校学生管理工作质量的路径。具体来说，加强教师队伍建设涉及很多方面，包括政治素质、道德素质、身心素质和专业能力等，其中道德素质的建设是尤为重要的一个方面。道德教育是一个涉及价值观形成、道德观培养和理想信念树立等多个环节的系统工程。从系统科学的角度来看，无论是大学生的管理工作，还是教师的道德建设，都属于一种持续与周围环境交换信息、物质和能量并能相对独立运行的复杂系统。教师的道德建设与学生的思想教育可谓是相互作用的两个复杂系统。就整体而言，教师群体平均素质较高，并对教育教学活动有深入的体会和灵敏的认知，教师道德建设工作开展的效率和效果应当要优于高校学生管理工作，同时教师道德建设工程中的很多思想、方法、经验可以为高校学生管理工作提供重要的借鉴和参考。因此，也就可以运用教师道德建设视角解析更为复杂的大学生管理工作，从而得到一条更为简洁、高效的系统化剖析高校学生管理整体性能的研究路径，为切实加强和改进高校学生管理工作提供新的思路。

（三）建设一支高素质的学生管理队伍是提升大学生道德成果的基本保障

大学生道德能否达到预期的效果，其价值能否实现，主要依靠两个方面：一要靠真理的力量；二要靠人格的力量。但无论是真理的力量还是人格的力量都要通过高校学生管理工作者体现出来。一方面，他们所宣传教育的内容必须合乎实际，反映事物的本质和社会发展的真正规律，能够正确而且深刻地体现马列主义、毛泽东思想、邓小平理论及习近平新时代中国特色社会主义理论的精神实质；另一方面，他们又必须带头实践自己所宣传、提倡的东西，做到言行一致，才能起到示范带头作用。因此，只有提高高校学生管理工作者的素质和能力，才能推动高校学生管理工作的进一步发展。

二、高校学生管理队伍的构成

（一）专职辅导员

当前，高校学生管理工作迫切需要我们建设一支精锐的、职业性的专职辅导员队伍。教育部《关于加强高等学校辅导员、班主任队伍建设的意见》明确指出："辅导员、班主任"是"大学生健康成长的指导者和引路人"。对这支队伍的配备要求，2017 年新修订的《普通高等学校辅导员队伍建设规定》第六条明确指出："高等学校应当按总体上师生比不低于 1 ：200 的比例设置专职辅导员岗位，按照专兼结合、以专为主的原则，足额配备到位。"按照中央的指令要求，各地结合实际，纷纷予以落实。比如，上海市出台的《关于进一步加强上海高校辅导员队伍建设的若干意见》中对配备的比例要求也做了优化，要求本、专科生专职辅导员按 1 ：150 的比例配备，研究生专职辅导员按 1 比 200 的比例配备。同时还指出，除了传统的配在班上的做法，辅导员还可配在学生生活园区或专业、二级学科、实验室（课题组）中。

由辅导员、班主任组成的高校学生管理专职队伍是开展高校学生管理工作的骨干力量，承担着学生的人生导师和知心朋友的重任，承担着我国大学生教育管理工作坚持马克思主义方向的重任，承担着培养我国大学生在今后的工作和学习中坚持马克思主义认识论、辩证法，坚持把马克思主义和我国实际相结合的重任。他们的工作领域涵盖了学生生活的方方面面。工作内容包括学生价值观引导、道德品质教育、党团建设、学风建设、心理指导、就业指导、勤工助学、公寓管理、帮困救助、社会实践及社团文化建设等一切和学生学习生活相关的内容。这就要求辅导员要兼具人生发展引路人、职业指导师、心理咨询师等多重角色，在政治上和业务能力上都必须具有过硬的素质，在原则的坚定性和方法的灵活性上都靠得住。

根据精锐和职业型的建设目标，首先，在辅导员的聘用上有严格的准入条件。比如，上海市出台的《关于进一步加强上海高校辅导员队伍建设的若干意见》就明确指出，新聘的辅导员应该为中共党员，一般具有硕士及以上学历，有相关的学科专业背景，有较强的责任心和敬业精神，热爱学生，善于做高校学生管理工作。同时，辅导员在工作的过程中还应该通过适时的再培训和学习取得相应的职业资格。作为职业型队伍建设的需要，相关社会职能部门应依据辅导员的工作任务、学科背景、学历层次、道德水准、工作能力等方面来建立相应的职业资格制度。

"政治强、业务精、纪律严、作风正"这十二字是对辅导员这支职业化精锐队伍标准的凝练表述。

（1）政治强。辅导员首要的素质是政治理论素质。历史上我国辅导员最初的名称是政治指导员，全面负责基层中队学员的思想、学习、健康和生活等工作。中华人民共和国成立后，我国的大学生教育继承了抗日军政大学政治指导员制度的优良传统，同时借鉴了苏联的经验，建立了政治辅导员制度。政治辅导员的第一要务就是做学员的思想政治工作，同时，还要承担学生的党建工作。由此可以看出，从事辅导员这个职业首先必须要有较强的政治理论素质，能真学、真懂、真信、真用马克思列宁主义、毛泽东思想、邓小平理论、"三个代表"重要思想、科学发展观和习近平新时代中国特色社会主义理论，贯彻落实党的十九大精神，进一步坚定理想信念，坚持政治原则，坚持政治方向。

（2）业务精。辅导员队伍将由"实践型"向"实践—研究型"转变。要干好这个职业，辅导员必须具有较高的政治素质。除此之外，还要了解学生思想状况的发展规律和成长成才的规律，成为学生的心理咨询师、职业指导师、生活指导师等，关爱学生，做学生真正的朋友。尤其当今时代是学生的个体自主性日益增强的时代，学生对当今社会的政治、经济、科技、文化都保持着高度的关注，辅导员必须随时代共同发展，掌握必备的专业知识，作为老师的同时又努力成为学生成长道路上的朋友，才能符合职业要求。同时，工作中要既讲究方式、方法，又要善于区分不同性质的矛盾，做到头脑清醒，审时度势、防微杜渐，保证学生思想朝着正确的方向发展。

（3）纪律严。一支精锐的队伍必须有严明的纪律作保证。首先，辅导员必须坚守严明的政治纪律，在牢牢掌握党的方针政策和国家法律法规的基础上增强法治观念，自觉用《中国共产党章程》规范自己的言行，所有言论必须保持和马克思主义、毛泽东思想、中国特色社会主义理论体系及党和国家的方针、路线、政策高度一致；其次，辅导员还必须有高尚的职业操守，具有把学生培养成为"四有新人"的教师职业自觉性；最后，辅导员也必须坚守严明的工作纪律，以党员教师的标准严格要求自己，严守党的纪律。

（4）作风正。作为与学生接触最为密切的大学教师，辅导员的作风直接影响到学生的思想健康。深入学生、发扬民主、尊重理解、关爱学生、以人为本、热忱服务是辅导员应该树立的良好形象。辅导员的作风体现的是党员的党风，体现的是大学教师的师风，体现的是我们党、国家和社会所要倡导的社会主义核心价值观，对学生影响巨大。因此，辅导员队伍作为精锐的职业型的队伍，必须具备正派的工作作风。由于辅导员是对大学生思想影响最为深刻的老师，因而辅导员自身的作风形象直接关系着大学教育的成败。

（二）日常管理人员

高校学生管理是个系统工程，由方方面面的力量组成的业务型的日常管理队伍是高校学生管理工作的重要力量。这支队伍一般以学生工作领导小组的形式存在，由主管学生工作的党委副书记、党委组织部、宣传部、学生工作部（处）、团委等各个部门的相关人员组成。这些部门在高校学生管理工作中都担负着各自的重要职能，尽管工作侧重点各不相同，但各有优势，目标一致，能够形成高校学生管理工作的合力。

第一，各个职能部门能在学校党委的统一领导下，在同一个工作目标下，发挥各自优势，担负各自职能，从组织、宣传、党建、团建、学生日常管理等不同的工作角度统筹规划和组织实施相关业务工作，并将这些组织精神下达到学院层面的党总支书记、副书记、学生辅导员等队伍，再开展相关条线的业务工作，有序管理。第二，齐抓共管、协同作战。尽管这些职能部门都有各自不同的业务领域，但工作目标都是一致的。学校应以学生工作领导小组的形式将这些职能部门组织在一起，互通情况、共商思想政治工作的实施方案，并在方案确定后，分头实施，协同作战，形成合力。

学生工作领导小组将散状的学生工作进行网状整合，形成了一个巨大的学生工作网络，这个网络覆盖了学生工作的方方面面。作为一支涉及学生工作整个网络指导的系统性工作小组，其责任相当重大，这支队伍是否具备高度的政治理论素质和精湛的业务能力直接影响到学生工作的整体开展，对于培养合格的社会主义建设者和接班人具有十分重大的战略意义。

（三）规划指导团队

高校学生管理规划指导队伍是一支研究大学生管理工作的内在规律、做好大学生管理预测工作的队伍；是一支制定高校学生管理工作的大政方针，提出的意见带有全局性、普遍性、专题性，并且能够针对高校学生管理工作出现的相关问题指导开展相关工作的队伍；是整个高校学生管理工作的智囊团。当前，国际政治经济局势风云变幻，国内体制改革也已进入攻坚阶段，各种社会矛盾凸显，人们的思想形势呈现日新月异的态势，高校学生管理工作中面临的挑战日趋严峻。

在这样的情况下，由资深专家组成的高校学生管理规划指导队伍显得尤其必要。这支资深专家队伍能够根据社会多方面的情况变化对高校学生管理工作做出指导意见。他们的来源可以是多渠道的，如社会党政工作人员、研究机构的专家学者、相关行业领域的资深人士，也可以是高校学生管理领域的行家。凭借这支资深专家队伍的专业优势、行业优势、阅历优势及经验优势等可以从更广阔的视野、更高的层面、更远的目光、更深的思想深度前瞻性地预测高校学生管理中可能面临的新情况和新问题。在新的社会思潮、思想风暴来临和国际局势变幻之际，高校学生规划指导队伍应能迅捷、科学、有效地指导高校学生管理工作领域内的相关应对工作，规划和指导相关的工作队伍有效开展工作，从而使我们的高校学生管理工作不管在什么情况下，面临怎样的复杂局面，都能始终应对自如、切实有效。

（四）特聘兼职教育人员

中共中央宣传部、教育部《关于进一步加强高等校学生形势与政策教育的通知》中，在对教师队伍的建设方面明确提出："可聘请地方党政领导、知名企业家、社会各条战线的先进人物担任特约报告员。"作为对高校学生管理教师队伍的有益补充，聘请校外的相关人士组成兼职教育队伍具有多方面的益处。校外的特聘人员往往能以自身独特的行业特色、丰富的个人阅历和显著的工作业绩使教育更具有独特的个性魅力，也更具有说服力和感染力。同时，他们的讲课或报告因为内容中伴有大量的社会信息和鲜活的实践案例，更具有积极意义的实践性、针对性和时代性，能够让大学生看到社会积极的一面，对社会及网络上流传的错误思想自觉抵制，也因此更受大学生的青睐。

要建设好这支队伍就应该引起学校领导的高度重视，充分挖掘校友、离退休老同志、社会合作共建单位、优秀学生家长等资源，用对教育事业的真诚、真挚的情感邀请其中的优秀分子加入到高校学生管理队伍的行列，并加强日常的联络和沟通，注重结合高校学生管理工作在教育内容、教育主题等方面的实际需求，有体系、合理化地建设好这支队伍。

三、当代高校学生管理队伍建设的发展方向

理想状态下的高校学生管理工作队伍应该是一个多层次、高素质、全覆盖

的工作队伍。各个队伍有明确的分工和各自负责的具体项目，同时各队伍成员也能够承担多种角色，在适当的情况下对大学生的行为和思想进行正确的疏导。

（一）实现辅导员队伍职业化

党和国家高度重视高校辅导员队伍建设。2006年4月，教育部在上海召开全国高校辅导员队伍建设工作会议，对高校辅导员队伍建设提出了明确要求。教育部随之发布了《普通高等学校辅导员队伍建设规定》，就辅导员的身份定位、职责要求、配备选聘、培养发展、管理考核等做出了系统的规定。

建设职业化、专业化辅导队伍是进一步加强和改进大学生思想政治教育工作的需要。当前，大学生思想政治教育工作面临时代背景、教育环境、教育对象等诸多挑战，大学生在心理健康、人生规划、职业选择等方面存在的问题都需要专业的咨询与服务。为了得到更好的解决，迫切需要辅导员具备更加丰富的业务知识和多种工作技能，迫切需要工作改革和创新。因此，新时代提升高校思想政治教育工作水平亟须加快辅导队伍职业化、专业化建设步伐。

（1）大力加强辅导员队伍专业化、职业化建设，必须充分认识辅导员工作的重要性，明确辅导员职责。从学校层面来说，要进一步强化辅导员在大学生思想政治工作中的组织者和教育者的作用，明确职责，理顺关系。在角色定位上要有由事务管理员向专职思想政治工作者转变的思想认识，从杂务中解脱出来，走进学生群体，把握学生思想动态，解决学生实际困难；在工作方式上要有由传统经验型向学习研究型转变的思想认识，多学习、多思考、多总结，用科学的方法观念处理问题。

（2）大力加强辅导员队伍专业化、职业化建设，必须建立规范的职业准入制度，科学选聘辅导员。要高度重视辅导员的选聘工作，严格招聘程序，严把入口关。逐步建立科学的资格认证制度和持证上岗制度，制定实施辅导员资格认定办法，使辅导员凭辅导员资格证、心理咨询师、就业指导师等资格证上岗，实现辅导员队伍的知识化、专业化、规范化、职业化。

（3）大力加强辅导员队伍专业化、职业化建设，必须建立专业化研究体制、机制，培养专家型辅导员。高校应设立独立的辅导员管理机构，负责辅导员的选聘、管理、考核和科研等工作。健全完善辅导员成长的职业组织体系，营造良好氛围，推动辅导员向专家型方向发展。要根据辅导员个人兴趣爱好，坚持扬长避短原则，为每个辅导员选择一个优势发展方向，持续培育、锻炼、提升，使每个辅导员都成为某个领域的专家，从而形成辅导员专家团队。

（二）实现理论课教师专业化

高校理论课教师作为高校学生管理活动的组织者、实施者，教育、引导并规范着学生对理论知识的学习和应用。因此，高校理论课教师应该具备多方面的素质，做到专业化。高校理论课教师的专业化发展应具备以下要求。第一，要求自身素质的专业化，使辅导员通过教育培训、自我习得等方式树立专业理想、恪守职业道德、获取专业知识及专业技能，并在管理学生的过程中全面把握学生的身心发展规律，有效进行教育管理，同时不断提升自身素质，向高精专方向发展。第二，要求相关制度保障的专业化，随着相关规章制度、管理培训制度、教育管理体制机制的不断实践、总结、再实践，制度体系运行会越来越成熟、顺畅，这必将为理论课教师专业知识、专业技能、专业精神、专业伦理的发展提供强有力的支撑。

高校理论课教师必须具备相关专业知识和理论素养。要做好学生的思想政治教育、日常事务管理、心理健康咨询与辅导、就业指导、职业生涯规划等工作，就必须有较高的马克思主义理论水平，专业的教育知识，扎实的教育学、管理学、社会学、心理学等相关知识。而且随着信息社会科学技术的迅猛发展，以及各种文化的碰撞、交融、渗透，高校学生教育工作者不仅要站在思想和文化的最前沿，解决当代高校学生管理方面的各种困惑和问题，而且要始终坚定有效地引导学生树立社会主义核心价值观。

（三）实现育人队伍全面化

人的教育不仅仅是狭义的学校课堂教育，还包括广义的社会教育、事物教育。高校每一位教职员工都在影响着大学生思想的形成，都在承担着学生教育管理的职能，他们的一言一行都有可能影响大学生一生的命运。因此，大学生的成长与高校的每一位工作人员都有着直接或间接的关系，而学校工作的每一个环节都应体现育人的功能。学校教师教书育人，学校干部管理育人，后勤职工服务育人。

从教师出发，教师是人类灵魂的工程师，是学生成长进步的导师，不论是否在承担着教学工作都应该谨言慎行。2018年9月，习近平总书记在全国教育大会上强调："人民教师无上光荣，每个教师都要珍惜这份光荣，爱惜这份职业，严格要求自己，不断完善自己。做老师就要执着于教书育人，有热爱教育的定力、淡泊名利的坚守"。这都要求高校要加强师德建设，教师要树立学为人师、行为世范的崇高目标，严于律己，以丰富的学识教育人，以高尚的德行感染人，以人格的魅力折服人。

2016年12月，习近平总书记在全国高校思想政治工作会议上发表的重要讲话指出："提升思想政治教育亲和力和针对性，满足学生成长发展需求和期待，其他各门课都要守好一段渠、种好责任田，使各类课程与思想政治理论课同向同行，形成协同效应。"2019年3月，习近平总书记在学校思想政治理论课教师座谈会上再次强调："思想政治理论课是落实立德树人根本任务的关键课程。""要完善课程体系，解决好各类课程和思政课相互配合的问题，鼓励教学名师到思政课堂上讲课。""坚持显性教育和隐性教育相统一。要挖掘其他课程和教学方式中蕴含的思想政治教育资源，实现全员全程全方位育人。"为此，高校需要积极引导教师在自己专业领域的教学过程中深入挖掘蕴含在各门课程中的马克思主义哲学原理及其他各种教育资源，使学生自觉地从马克思主义的角度思考问题。

2020年6月，教育部印发《高等学校课程思政建设指导纲要》（以下简称《纲要》），全面推进高校课程思政建设。《纲要》指出，全面推进高校课程思政建设是深入贯彻习近平总书记关于教育的重要论述和全国教育大会精神、是落实立德树人根本任务的战略举措，高校要深化教育教学改革，充分挖掘各类课程思想政治资源，发挥好每门课程的育人作用，全面提高人才培养质量。自2014年起，上海就在高校积极探索实施"课程思政"，出台了《上海高校课程思政教育教学体系建设专项计划》，全面推广"课程思政"建设。上海从党和国家意识形态工作的战略高度出发，立足高等教育立德树人根本使命，抓住课程改革核心环节，着力将思想政治工作贯穿于学校教育教学全过程，逐步凝练形成"课程思政"育人理念，在牢牢坚持思政课的思政教育核心地位的同时，充分挖掘利用其他所有课程的育人价值。2020年9月，上海新出台《关于深入推进上海高校课程思政建设的实施意见》，全面修订人才培养方案，在国内首次推出课程思政教学指南，上海课程思政改革2.0升级版再出发。

当前，全国高校都在积极贯彻落实习近平总书记在全国教育大会和全国高校思想政治工作会议上的重要讲话精神，为全面推进课程思政建设明方向、划重点、定规则，把课程思政从工作要求转化为政策实施表和行进路线图，从高校的探索转化为制度性工作，覆盖到每一位教师、每一门课程。如财务管理专业课的教师可结合财务管理教学内容中实际工作与理论认识的差别对学生进行马克思主义认识论的教育，也可结合财务管理中信用的重要性开展对大学生的信用教育和诚信教育；跨文化交流课的教师可结合跨文化交流中一些礼仪和注意事项的讲解开展爱国主义、国格、人格、民族精神的教育。

苏霍姆林斯基曾经指出："造成青少年教育困难的重要原因在于教育实践在他们面前以赤裸裸的形式进行，而处于这种年龄阶段的人，按其本性来说是不愿意感到有人在教育他们的。"[①]与实际开展的高校学生管理工作相结合往往比单纯的学生教育管理工作更容易取得实效。在学校管理、服务的各个环节中，管理、服务工作人员的自身素质、工作态度及工作成效同样影响着所有学生的思想实际，渗透着教育功能，对学生的世界观、人生观和价值观的确立起着潜移默化的作用，所谓"润物细无声"。因此，发挥全体教职工的育人作用，实现高校教学、管理、服务工作中学生教育管理功能的全覆盖是高校学生管理工作最终取得实效的重要条件。

第二节　高校学生管理队伍存在的问题

当前，高校学生管理队伍建设中"数量不足、质量不高、队伍不稳"的状况正在逐步得到改善，并取得了一定的成绩。但需要注意的是，这并没有彻底消除我国高校学生管理队伍建设中长期存在的一系列矛盾和问题，必须对这些问题引起重视。

一、高校学生管理队伍建设取得的成绩

（一）学生管理队伍地位日益凸显

20世纪90年代，我们党确定了辅导员的主要职责，把培养社会主义的合格的建设者和可靠的接班人确定为我国高校辅导员的主要职责。21世纪的辅导员担负培养教育高校人才的使命，是大学生思想政治教育的直接参与者。因此，辅导员是大学生思想政治教育的最基层的实施者，是参与教育的骨干。他们组织和管理大学生的日常思想政治教育工作。他们有多重角色，"既是大学生的知心朋友，又是他们人生当中的导师"[②]。

在当前的社会和经济建设中，辅导员队伍发挥着重要的作用，他们为我国社会主义和经济建设培养了优秀的人才，这些人才走向社会后，是推动社会变革和进步的中坚力量。辅导员队伍建设对维护我国的社会稳定，维护国家的安全，以及创建和谐的社会都有着十分重要的意义。对"促进大学生的全面发展和健康成长成才有着十分重要的意义"。实践证明，制度的完善需要在实践中

---

① 苏霍姆林斯基.睿智的父母之爱[M].罗亦超，译.石家庄：河北人民出版社，1999，156.

② 李卫红.抓住根本 立德树人 切实把高校辅导员队伍建设提高到一个新水平[J].思想教育研究，2007（11）：11-15.

实现，且是一个不断深化的过程。相信在当前党和国家领导的高度重视下，辅导员制度会得到进一步的完善和发展。

（二）学生工作体制机制逐步完善

从我国高校辅导员制度建立以来，一代又一代的学生管理工作者在自己的工作岗位上无私地奉献出了自己最美好的年华。他们工作尽职尽责，为社会培养和输送了一批又一批的毕业生。这些毕业生走向社会后，将才华奉献给人类，将所学知识服务于社会。作为辅导员本身，他们自己又何尝不是在辅导员队伍这座熔炉里百炼成钢。他们在这个工作岗位上提高了管理能力，增长了知识和才华。

同时，作为高校的一种组织制度，学生管理辅导员制度在不同历史时期都有较为稳定的工作队伍。他们目前的工作机制比较健全。学生的管理制度比较完善。尤其是在 21 世纪，随着党和国家领导人的重视，高校的扩招政策使很多高校采取了强有力的措施来加强管理队伍的建设。一整套完善的保障机制得以建立起来，如何选拔管理人员，选拔参考的条例，如何对辅导员进行培养和管理，甚至对他们工作的考核和激励都有机制保障等等。这样，高校管理队伍的素质得以提高，人员得以充实，为顺利开展学生工作打下了坚实的基础，也为高校培养人才提供了有力的支撑。

（三）管理队伍建设目标更加明确

我国高等教育为社会主义建设培养优秀的人才，教育和政治的关系密不可分。习近平在全国高校思想政治工作会议上强调："我国高等教育发展方向要同我国发展的现实目标和未来方向紧密联系在一起，为人民服务，为中国共产党治国理政服务，为巩固和发展中国特色社会主义制度服务，为改革开放和社会主义现代化建设服务。"我国的高等教育经历了长久的洗礼，面对改革开放带来的经济大潮，形式所迫，要求高校的辅导员工作要适应经济建设和改革开放，不能再像过去一样停留在单一的为政治服务的层面上，而是要逐渐向思想政治领域延伸，并且把思想政治教育当作辅导员的主要职能定位。

20 世纪 90 年代，党中央总结了过去的教训，重视大学生的思想政治教育，并进一步强调了辅导员的职能，加强了队伍的建设。把职能定位于为社会主义事业培养合格的建设者和接班人。进入 21 世纪后，随着高校的扩招政策，我国高校纷纷摩拳擦掌，重组和扩大，大众化教育时代来临。面对新的机遇和挑战，辅导员的职能再一次由单一的思想政治教育扩展丰富为多工作职能。除了思想政治教育，还要把学生的日常管理、心理健康方面的教育、学风建设、就业指导、学生的道德培养等纳入辅导员工作职能的范畴。这种划分更加科学化、多元化、合理化。

（四）管理队伍自身发展不断加强

无论是处于哪个历史时期，也不管学生管理队伍担任什么样的角色，在服务和管理学生的过程中，他们自身的素质得以提高，能力得以加强，学识也得以丰富。例如，20 世纪五六十年代的"双肩挑"人员就培养了很多治党和治国的精英。20 世纪 80 年代的规划培养也使管理人员得到锻炼，他们或发展成为高校的管理核心人员，或成为学术方面的专家，还有一些成为政府部门的管理精英。

到了新时期，随着学生管理队伍的专业化进程不断推进，他们的整体能力和综合素质较之以往显著提高。为了更好地发挥作用，履行他们的管理职能，辅导员的任职要求从专科到本科到硕士再到博士，使这支队伍的专业建设不断加强。特别是为了落实教育部 16 号文件精神，贯彻和落实国家对辅导员队伍提出的"要采取有力措施，按照政治强、业务精、纪律严、作风正的要求，着力建设一支高水平的辅导员和班主任队伍，使他们在学生思想政治教育中发挥更大作用"的明确要求，各省教育主管部门都非常重视，各高校也纷纷采取切实可行的措施，加大力度，加快步伐，促使辅导员队伍走向职业化、专业化，同时也加强了对辅导员的培训和管理，使他们的自身素质得到进一步增强。

二、我国高校学生管理队伍存在的不足

（一）专业化职业化培训不足

我国高校是人才培养的主阵地，也是学术创新、科学研究的前沿阵地。辅导员因为工作的繁杂性，事务多，他们想在学术研究上有所建树，但难免力不从心；对于政治学和教育学及心理学等专业虽然有所涉猎，但难于精进，样样通，未必能做到样样精。在学生中很难通过学术的魅力来树立他们的威信。因此，他们在工作中会有失落感。

当前，高校打造的辅导员队伍是一支年轻的主力军，他们在工作上能和学生打成一片，能走进学生的心灵世界，但是队伍的知识化和专业化并不等同于他们拥有大学生思想政治教育的专业素质和能力，或者说这方面的素质和能力还有待提高，必须进一步加强对他们的专业引领和丰富他们的知识储备。

目前，在中国尚未成立全国性的、正式的、与学生工作者专业化相匹配的学生事务相关的协会组织，只有以行业为主体的研究会，如师范院校成立的学生工作研究会、医科院校学生工作研究会等。国内设有辅导员专业培训的点少之又

少，学科建设、培养体制等方面都还不完善，加之由于长期以来高校对辅导员工作有意无意的忽视，高校对辅导员队伍的培训还要加大力度，要开展定期的培训，各个高校之间还要加强合作，进行专业理论的探讨，使他们的业务能力不断提升，从而发挥出更重要的作用。

（二）各类评奖评优有失公平

十年前，我国高校辅导员主要由专职与兼职人员两部分组成，大多数高校辅导员是以兼职为主，配备少量的专职人员。当前，我国高校辅导员的制度虽然日趋完善，队伍不断增强，但辅导员的身份和地位的界定一直存在着一些问题。因为辅导员队伍的年轻化决定他们的岗位寿命只有短短几年，目前平均为3至5年。他们的工作任务较重，大多数辅导员都是一肩挑两边，一边承担部分教学工作，一边是思想政治教育工作；他们思想觉悟普遍比较高，一边学习，一边从事学生的教育管理工作。因此，我们可以看到辅导员的整体资质比较浅，他们身兼数职，工作量大，任务重，生活节奏快，导致他们无法潜心钻研学业，无法和专业的教师相比，故他们的科研成果在职称的晋升方面无法与专业的教师相比，在评优评奖中很难占有优势。

除此之外，如何对辅导员进行科学合理的评价有待研究。目前，在我国高校，还没有建立一系列科学合理的评价机制和体系，没有量化的评价机制。虽然他们工作兢兢业业，任劳任怨，但工作的成绩却很难通过一些量化的手段来进行合理的评价。还因为高校规模的不同、院系的区别造成了辅导员工作量的不同。很多高校都是采取"二级院系管理体制"。有的院系规模很大，学生人数上千，而有的只有几十个人。人数少的院系辅导员工作很容易看出成效，而人数多的院系很难看出他们的工作成效。由于学校的评价制度是一样的，导致评价的时候很难做到公正、公平。

（三）待遇与工作量不够平衡

辅导员的核心工作是对学生进行思想政治教育，主要体现在以下几个方面：

（1）对学生开展思想政治教育，进行日常学习、生活管理。

（2）配合院系进行思想政治理论课的教育教学。

（3）组织和领导基层的党团建设，在班级建设和学生会干部的建设中发挥着主导的作用。除了思想政治教育工作外，辅导员的工作还包括对学生的管理和服务两个方面。按照高校的规章制度和遵循的行为规范来管理和约束学生的行为，使他们行为有范，符合社会道德和伦理要求。还可以采取激励和惩罚措施对学生进行管理。

而服务主要是指给高校学生提供勤工俭学的服务、心理咨询，以及毕业前的就业指导和就业服务。例如，协助举办大型的招聘会，给学生提供招聘的信息等。当前，我国辅导员的工作已经涵盖了方方面面。具体可以分为以下几个方面：

（1）组织活动方面，包括学生的科技活动、文体活动、社会实践活动。

（2）教育管理范围，包括安全稳定教育、学风建设、心理健康及就业指导等。每位辅导员不但要负责学生的理想信念和思想品德教育，而且要开展专业学习、心理健康、职业规划等各种辅导，体现出承担任务的综合性。

但是由于种种客观原因，造成辅导员职称较低、地位不高的现实情况，而使广大辅导员不得不面对薪金待遇水平相对较低的现状。据调查，我国高校辅导员的待遇与专业教师存在着或多或少的差距，如一些高校对于专职辅导员薪水的算法是乘以相应级别专业教师的 0.8 的系数，兼职辅导员所乘系数则更低；在考虑住房问题上，优先照顾专业教师等。由此可见，尽管辅导员队伍承担着如此繁重的任务，但待遇与工作量的不平衡问题却一直存在。也正是因为我国许多高校在对待辅导员的待遇、培养、提升等方面都没有给予相应的重视，造成辅导员队伍的积极性、稳定性很难得到保证，使辅导员个人的职业预期及自我实现的需求与现实存在较大反差。

（四）事业发展方向不够清晰

在一段比较长的时间里，我国高校的辅导员一直处于一种比较尴尬的位置，他们的发展方向和出路不太明确。要么往党政管理干部的方向发展，要么往业务教师的方向发展。这两个发展方向也就意味着辅导员要么放弃掉自己的专业，潜心于党政事务的管理，要么离开管理方向，去钻研教学，成为学术大师。这种制度也就意味着辅导员只不过是很多人的一块跳板，他们从事的辅导员工作只不过是一个过渡而已。但是在很多高校，很多的辅导员是专职性质的，他们缺少往教师专业转行的机会，再加上和专业的教师相比，他们的科研成果不多，因而在职称晋升的道路上也是困难重重。而在行政管理方面，他们的身份也很尴尬，竞争也不容乐观。很多领导岗位直接从从事教学工作的教师中提拔，或者本身的门槛设置也比较高，使很多辅导员望而却步，他们竞争的优势也不明显。特别是在新时期、新形势下，随着高校学生人数的扩招，辅导员数量也相对增加，以上两条出路已不能满足广大辅导员的发展需要，只能解决少数特别优秀的辅导员的问题，而大多数辅导员还得继续担任现在的职务。

目前，我国许多高校的辅导员除本职工作外，还担任着思政课的教学任务，担负着一定的教学工作量，这使辅导员有了特殊的双重身份，"辅导员既是教师，又是干部"。还有一些高校的辅导员或者是专业老师，或者是在读研究生，即为"双肩挑"模式。所谓"一心不可二用"，而在"双肩挑"的模式下，往往是科研与辅导员本身的职责都难以顾及。辅导员本身的工作事务尤其烦琐，再加上辅导员的教学工作并不轻松，专业发展也需要极大的精力，因而他们很难有时间和精力再去进行学生工作科学理论的研究。这样不仅使他们自己的业务、学习和辅导员的工作都不能高效、优秀地完成，同时也让他们搞不清楚自己的身份，到底是教师、学生，还是干部，或是其他角色。辅导员工作的特殊性，导致辅导员往往既是"教师队伍的软肋（教学、科研），又是干部队伍的另类（以学生为对象）"。加之目前我国高校长期以来对辅导员这一群体重视不够，有意无意地忽略了辅导员队伍，在编制、职别、级别等方面，没有给予足够的重视，现在虽然国家已经出台了辅导员队伍的职称评审体系的文件，明确了辅导员属教师编制，但落实方面还有待加强。因此，即便辅导员干得很出色，也无法晋升更高级的学术职称，这便给辅导员的职称评聘问题带来了许多困难。

职称问题不能及时解决，影响着职务上的评定和晋升。辅导员职称、职务的问题较专业教师难以评聘，造成辅导员工作不能像专业教师一样成为一种能够长期从事的职业。这样便导致辅导员缺乏职业荣誉感、缺乏工作的动力，很难激发起个人的工作激情。如此一来，使辅导员难以看清明确的、切实可行的发展方向，也不利于他们实现个人事业的发展规划。

第三节　加强高校学生管理队伍建设的途径

当前，我国已开启教育强国的新征程，高校学生管理工作面临严峻的压力和挑战，管理队伍十分不稳定。因此，必须全面加强高校学生管理队伍建设，增强高校学生管理队伍的稳定性，提高高校学生管理队伍人员素质，按照立德树人的根本要求，推进高校学生管理工作，实现学生的全面进步与发展。

一、高校学生管理队伍建设的策略

高校学生管理队伍建设的基本方法是高校学生管理队伍建设活动中所需要依照的内在指引，并不是一种具体的、可以照搬照抄的方法体系。马克思唯物主义认识论认为，这样的方法根本就不存在。这一套内在方法贯穿于队伍建设过程的始终，指导整个高校学生管理队伍建设工作。这些方法主要包括方向策略与实效策略的结合，理论策略与渗透策略的结合，系统策略与针对策略的结合。

（一）方向策略与实效策略相结合

方向策略是指高校学生管理队伍建设工作中必须有明确的政治方向，它作为高校学生管理的一个基本方法，体现了高校学生管理目的的基本要求。马克思、恩格斯曾深刻地指出："统治阶级的思想在每一时代都是占统治地位的思想"，"占统治地位的思想不过是占统治地位的物质关系在观念上的表现"，"一个阶级是社会上占统治地位的物质力量，同时也是社会上占统治地位的精神力量。支配着物质生产资料的阶级，同时也支配着精神生产资料"。[①] 因此，任何统治阶级都十分重视意识形态领域的工作，总是通过各种方式把代表本阶级意志和利益的思想向社会推广宣传，并确保其在社会意识形态领域里的主导地位。我国社会主义基本制度规定的教育目的决定了高校学生管理队伍建设的方向，即必须把握社会主义方向，必须代表广大人民群众的根本利益，必须体现党的基本路线的要求。坚持高校学生管理的方向性准则，就必须通过实施科学管理、采取有效措施、建立完善机制，把方向性的基本要求贯穿到高校学生管理的全过程，融汇到高校学生管理工作的全部内容中，使从事高校学生管理工作的老师和工作人员坚定社会主义的信念和理想，达到在实践中努力培养社会主义的可靠接班人和合格建设者的目的。

高校学生管理队伍建设在坚持社会主义政治方向的同时，还必须追求实效性，即注意高校学生管理队伍建设工作的实际效果。是否具有实效性和实效性的大小是检测评估高校学生管理队伍建设工作成功与否的重要尺度。这里说的实际效果，既包括精神成果，又包括物质成果，既要看高校学生管理工作者思想道德境界的升华，精神世界和人格情感对高校学生管理工作的投入，又要考察高校学生管理工作者处理学生各方面问题的专业水平、工作技能等综合素质的提高。实效性还涉及效率和质量的问题。高校学生管理队伍建设工作不能满足于一般的效果，必须要求高标准、高效率、高质量，取得相对满意的效果。所谓相对满意的效果，就是在尽量考虑种种限制条件下，尽最大努力去达到最佳最优效果。追求实效性原则要求管理者在决策和拟订工作计划时，要从客观实际出发，对决策方案和教育计划进行可行性研究，事先预测实践效果，避免主观主义；在目标实施过程中，要通过一系列措施、方法对教育活动进行监

---

① 中共中央马克思恩格斯列宁斯大林著作编译局.马克思恩格斯选集（第 1 卷）[M].北京：人民出版社，1995，98.

督、调控，使之按既定轨道运行；在总结工作时，应建立和完善信息反馈和评价机制，使管理者能及时获得准确的结果，并进行科学分析和评价。

（二）理论策略与渗透策略相结合

高校学生管理的理论性较强，这就要求高校学生管理必须始终贯彻理论性准则，坚持科学理论的指导，有效地组织实施学生管理工作。马克思曾指出："理论一经掌握群众，也会变成物质力量。"[①] 列宁也指出："没有革命的理论，就不会有革命的运动。只有以先进理论为指南的党，才能实现先进战士的作用。"[②] 这些论述都深刻地揭示了理论的重要性。从某种意义上讲，高校学生管理队伍建设取得什么样的效果，依赖对理论的重视程度，依赖对理论的学习、研究情况和理论的应用情况。没有坚实理论基础的高校学生管理，是苍白无力的。在高校学生管理队伍建设实践中坚持使用理论策略，就要加强完整、系统的马克思主义理论教育，加强实体性的学生管理工作，使高校学生管理队伍认真学习马克思列宁主义、毛泽东思想、邓小平理论、"三个代表"重要思想，尤其是习近平新时代中国特色社会主义思想，完整、系统、准确地领会和掌握马克思主义理论这一认识世界、改造世界的强大思想武器；真正把握马克思主义的精髓和精神实质，并运用其解决高校学生管理中的现实问题，做好理论工作，充分发挥马克思主义理论对高校学生管理队伍建设的指导作用。

高校学生管理的理论策略与渗透策略是紧密联系在一起的。所谓渗透策略是要遵循人的思想发展规律，把高校学生管理渗透到大学生日常思想管理活动中去，与各种具体工作有机结合起来。融合各种教育因素和中介，用潜移默化的形式循序进行。坚持渗透策略，要求高校学生管理部门增强渗透意识，积极创设条件，利用社会调查、参观访问和开展创建文明城市、文明社区、文明单位活动等多种形式建设高校学生管理队伍。让高校学生管理工作者将马克思主义、毛泽东思想、邓小平理论、"三个代表"重要思想、习近平新时代中国特色社会主义思想内化到自己的实际工作中去，使自己的精神世界、人格情感、社会态度等方面更加符合一名教育工作者所应有的素质。

（三）系统策略与针对策略相结合

高校学生管理队伍建设还必须坚持系统策略与针对策略结合的准则，也就是说，既要把高校学生管理队伍作为一个完整的统一体进行建设，又要根据自

---

① 中共中央马克思恩格斯列宁斯大林著作编译局.马克思恩格斯选集（第1卷）[M].北京：人民出版社，1995，9.

② 中共中央马克思恩格斯列宁斯大林著作编译局.列宁选集（第1卷）[M].北京：人民出版社，1995，311.

身学校的实际情况，有针对性地进行建设。

系统性是知识经济时代队伍建设与管理的基本特点。它要求在管理中自觉运用系统理论和方法，对管理对象、管理过程进行系统分析，通过管理功能的发挥取得较好的管理效果。高校学生管理队伍建设也应坚持系统性准则，其原因主要有以下几点。

1.高校学生管理队伍建设是一个内在系统性建设过程

高校学生管理队伍建设的过程是一个复杂的系统工程，包括两课理论教师队伍建设、大学生党建、辅导员队伍建设、专业课教师队伍建设等多个基本因素，以及确定教育目标、制订教育计划、选择教育机制指导受教育者践行社会要求、检查总结等一系列制度建设的基本环节。这些因素和环节按一定的内在联系构成完整的教育过程体系。高校学生管理队伍建设中的各个因素都具有不稳定性，它们的组合是动态的组合，这就决定了整个教育过程体系必然呈现不断变化的态势。要想驾驭这样一个复杂的体系，就必须运用系统策略，从整体上对其进行动态的、层次性的把握。

2.高校学生管理队伍建设是一个思想矛盾的运动过程

一方面，良好的思想政治品质的形成需要经过多个阶段的考验，是一个极其复杂的思想矛盾的运动过程，只有坚持系统管理，才能做好各个阶段的思想转化工作和各阶段之间的衔接工作。另一方面，人的思想认识具有个性差异，只有对高校学生实行系统管理，才能在承认个体性、差异性的前提下，为不同的教育对象创设先进性要求与广泛性要求相结合的教育条件和教育环境，使不同起点的人都能在原有基础上逐步提高，树立共同的理想信念和高尚的道德情操。

3.高校学生管理队伍建设是一个内容和形式紧密联系的过程

高校学生教育管理包含着理论教育、政治教育、思想教育和道德教育等诸多内容。这些内容是一个有内在联系的整体，在实际教育过程中绝不能把它们割裂开来。片面地、孤立地强调某一个或某几个内容，是不能起到好的教育效果的。如果对理论教育和政治教育不管不顾，单纯抓道德教育和思想教育，就会使整个教育缺乏动力和后劲；如果对道德教育和思想教育不闻不问，一味强调理论教育和政治教育，就会使整个教育缺乏目标和方向。因此，在高校学生管理中必须坚持联系性的观点和整体性的方法。

高校学生管理队伍建设的系统策略和针对策略是不可分割的有机统一体。在高校学生管理活动中，如果不能坚持系统性准则，就会缺乏大局观念，不能从宏观上把握整个教育活动，容易割断各个部分之间的联系，产生顾此失彼的现象，影响高校学生管理效果。但是，如果只强调宏观上的整体观念而不注重在微观上对具体问题的具体分析，则势必导致目标空泛抽象，目的性、针对性不强，产生"无的放矢"的现象，同样会影响高校学生管理效果。因此，高校学生管理队伍建设在采取系统策略的同时，还必须采取针对策略。坚持针对策略，就必须针对队伍建设的各个方面进行"有的放矢"的指导。

二、高校学生管理队伍建设的路径

在高校学生管理队伍的组成中，辅导员队伍和日常管理队伍是与学生接触最为频繁的。这两支队伍的建设应该成为高校学生管理队伍建设的重点。这两支队伍建设的路径可以采取以下几种形式：职业化建设路径、专业化建设路径、发展性建设路径、动态性建设路径。

（一）坚持职业化建设路径

实践证明，提高某类人员的素质，一条行之有效的路径就是实行职业化，对从业人员进行资格认定。例如，维护公民法律权利和法律尊严的律师，为企业理财聚财的会计人员，救死扶伤的医生，他们素质的提高，无不归功于资格认定制度。因此，思想政治教育队伍要想有所作为，就必须走职业化之路。具体说来，职业化建设路径应从以下几个方面入手。

1. 树立高校学生管理队伍职业形象

高校学生管理者的形象，不但直接影响高校学生管理这一职业，而且是高校学生管理队伍形象的重要组成部分。具有良好形象的高校学生管理者，既能使受教育者信服，具有强大的凝聚力，又能较容易地赢得社会各界的支持。一生获得7个荣誉博士学位，被认为是管理学界最有影响人物之一的美国管理学家巴纳德认为："一项命令是否具有权威，决定于命令的接受者，而不在于命令的发布者。"高校学生管理人员形象好坏的重要性，由此可见一斑。

2. 坚定高校学生管理队伍职业理想

职业理想是指人们对未来工作部门和工作种类的向往，也是指人们对现行工作中想要达到的目标或者是实现的成绩。与职业认识、职业情感和道德意志相比，职业理想具有综合性、稳定性和持久性的特点，它在高校学生管理者的道德品质形成中居于主导地位，是道德认识转化为道德行为的重要力量。马克思主义认识论原理认为，职业理想是人的社会关系的"上层建筑"，职业理想是建立在人们对于自身所处的政治经济环境的认识基础之上的，受自身的政治经济因素的影响，是个人思想政治素质中的高级层面。职业理想有高、中、低层次之分。在各个社会中，居于低层次的职业理想，往往把从事的职业视为维持自己和家庭生活的重要手段；居于中层次的职业理想，把职业主要当作发展自身的路径，是个人对自身进行个性化教育的手段；居于高层次的职业理想，是教育中的社会个性化部分，把自己的理想与社会实际相结合，立足本职工作，发挥自身工作对于社会的影响。

3.培养高校学生管理队伍职业技能

高校学生管理工作者必须学会多种本领，逐步提高自己的实际工作技能。高校学生管理者的职业技能主要包括以下几点：

（1）调查研究能力。高校学生管理者要有较强的调查研究能力，懂得社会调查原理和方法，重视实证研究，善于接触、观察、了解、分析教育对象和社会环境，并做出正确的决断；要有较高的理论研究分析能力。调查研究是发挥马克思主义理论在高校学生管理工作中巨大作用的前提。我们党历来有调查研究的作风，毛泽东同志在延安整风运动中提出"没有调查，就没有发言权"的重要思想。在进行高校学生管理工作时，更要注意使用调查研究的方法。高校学生管理工作面对的是受各种思想影响的大学生群体，具有一定的辨别能力，用事实说话的方法也更加容易令他们信服。

（2）思想宣传能力。这主要是指有较强的口头和文字表达能力，开会讲话能抓住要领，突出重点，富有鼓动性；做群众工作要热情、耐心、细致，能够理解人、关心人；写文章要深入浅出，联系实际，讲究逻辑，富有说服力。

（3）组织协调能力。高校学生管理工作是社会性的教育活动，同时它的教育对象又是以群体和个体形式出现的人，在高校学生管理过程中，既需要组织各种教育力量，以发挥教育合力的作用，又需要进行个别教育，深入细致地开展谈心活动，以取得良好的教育效果。

（二）坚持专业化建设路径

如果说高校学生管理者的职业建设路径侧重于外在的、表层的高校学生管理队伍建设，那么专业化建设路径则是重点定位在高校学生管理者内在的、深层的素质管理，具体来说有以下几个方面。

1.构建符合高校学生管理工作要求的知识结构

管理学是一门综合性、实践性很强的应用性学科，从事高校学生管理工作的每一个教育者，都应该通过学习和锻炼，掌握丰富的知识，达到较高的水平。高校学生管理者必须具备合理的知识结构。

（1）具备高校学生管理工作要求的扎实的理论知识。扎实的高校学生管理专业知识，突出表现为具有扎实的马克思主义理论基础知识和良好的理论素养，具有高校学生管理的基本理论和工作业务方面的知识，包括党的思想政治教育的优良传统和基本经验，高校学生管理工作原理、方法论、学生管理教育发展历史的专门知识等。

（2）具备高校学生管理工作的相关学科知识。高校学生管理工作不仅承担着对大学生在校内的管理工作，还需要对大学生在校外的思想进行一定程度的指导，以方便他们走上人生的大舞台。因此，高校学生管理者不仅要有扎实的专业理论知识功底，还要熟悉和了解与高校学生管理发生联系的一些辅助知识。例如，经济学、法学、历史学、美学、语言学、逻辑学、民族学、宗教学、文学，以及自然科学中的数学、统计学和现代科学技术知识、电脑操作知识等。对于这些相关科学知识，高校学生管理者懂得越多，对工作就越有利。

2.培养符合高校学生管理工作要求的能力结构

高校学生管理者不仅要有广博精深的知识结构，还必须具备相应的工作能力。高校学生管理者的能力主要包括以下几点：

（1）思想预测决策能力。高校学生管理者要善于在调查研究的基础上，寻找事物内部、事物之间的内在联系，从中把握事物发展的客观规律。通过对客观事物现状的透彻观察和分析，正确估计和预测发展的趋势和结果，制定具有前瞻性的战略和策略，使自己的工作立于有利的地位。特别是在经济全球化、世界多极化的背景下，国际国内竞争日趋激烈、市场需求千变万化、发展机遇稍纵即逝的情况下，一个合格的高校学生管理者为了实行有效的管理，就必须具备很强的综合分析、预测预见能力。

（2）独立从事科学研究的能力。高校学生管理工作者应具有独立从事科学研究的能力。这是因为高校学生管理工作，是关于高校学生发展规律的科学，有其严密的逻辑结构和完整的科学体系。随着形势的变化与科技的进步，高校学生管理理论必然需要发展和创新，客观上需要从事高校学生管理工作的教职工具有较高的理论水平和较强的科研能力。

（3）运用现代化手段的能力。21世纪是知识经济的时代，随着科学技术日新月异的迅猛发展，促使人类实践活动的规模、范围空前扩大，社会的复杂程度也日益明显。以信息技术、微电子技术、通信技术、人工智能技术、生物技术、新材料技术、新能源技术和海洋开发技术等为标志的高技术群迅速发展，为高校学生管理工作进入崭新的时代奠定了科学的物质基础。

3.建立符合高校学生管理工作者要求的评价机制

高校学生专业化管理的另一个体现是抓好专业职务和职称管理。通过专业职务、职称管理，让优秀的高校学生管理人员脱颖而出，受到表彰和奖励，对于不符合条件、表现不好的人员要及时进行调整。建立职称制度，就是为了激励从事高校学生管理工作的教职工。高校学生管理工作一直存在着队伍不稳定，后备队伍匮乏的问题，职称制度就是解决这一问题的关键。而要做好这项工作，必须建立科学的考核标准。

（1）要坚持客观公平原则，全面准确、实事求是地反映高校学生管理工作者的状况，并按照统一的标准，公平公正地做出对高校学生管理者的评价。

（2）要坚持民主公开原则，公开考核的内容和标准、方法和程序等，公开接受群众监督，并通过征求意见、民主评议方式，让广大群众直接参与建立考核制度。

（3）要坚持注重实效原则，考核制度一旦制定，就要严格贯彻，反对任何形式主义的做法。

（4）要坚持依法考核原则，做到考核的公正，严禁任何形式的舞弊和弄虚作假。要把考核的结果和专业职务、职称评聘管理结合起来，作为对思想政治教育工作者奖惩、培训、辞退，以及调整职务、级别和工资的主要依据。

（三）坚持发展性建设路径

现代高校学生管理面对的是全球化、信息化、法治化及多元化的社会背景，尤其在社会转型时期的中国，社会生活发生了复杂而深刻的变化。经济成分和经济利益多样化、社会生活方式多样化、社会组织形式多样化、就业岗位和就业方式多样化日趋明显，出现了大量的、新的社会群体与社会组织，并且这种变化仍将持续下去，而且其方向是多样的。这将给高校学生管理带来大量新情况、新问题。因此，从事高校学生管理的教职员工要想在今后大有所为，就必须注重自身高校学生管理者素质的可持续发展。要做到学生管理工作以人为本，提升素质，增强本领，高校学生管理就必须做好以下两方面工作。

1.加强高校学生管理队伍规范化培训

高校学生管理队伍培训是指根据经济和社会发展的需要，按照职位的要求，通过各种形式，有组织地为提高高校学生管理者政治和业务素质所进行的培养、训练活动。在培训过程中，要力戒形式主义，要贯穿理论联系实际、学以致用、按需施教、讲求实效的原则。根据需要，建构完整的培训体系，制订科学的培训计划，精挑细选培训的内容，完善改良培训的形式，配备好教师和专家，并做好培训后的追踪反馈和经验总结。培训一定要起到有效作用，切实增强高校学生管理者用理论指导工作的本领，观察形势的本领，用正确的价值观影响人们的思想和行为的本领，凝聚人心的本领，从群众中来、到群众中去的本领，善于调查研究总结经验的本领，抓落实求实效的本领，使高校学生管理者改变过去的中心意识，并切实加强服务意识，在做具体工作时"给人喜欢，给人方便，给人信仰，给人希望"。

2.加强高校学生管理队伍学习的主动性

未来的高校学生管理对象，将是一个智能化的群体，他们知识多、素质高、能力强，具有独立人格，具有现代意识，崇尚科学与理性，这就决定着高校学生管理的起点要高，高校学生管理者的素质要高。高校学生管理者要由单一型向复合型人才转变，要做技术业务管理的内行。这就要求高校学生管理者自身主动学习和思考，增强知识和素质，积极解决工作中面临的新问题和新情况。从事高校学生管理工作的教职员工要做到终身学习，切实做到活到老、学到老，跟上时代发展的步伐，培养时代需要的人才。

（四）坚持动态性建设路径

在新时期，我们要把竞争激励机制引入、贯穿于高校学生管理队伍建设全过程，改变以往人事管理"能上不能下、能进不能出、干好干坏一个样"的局面，这对以往人事管理中领导职务实际存在的终身制和优秀人才难以脱颖而出等弊端是一次革命。因为只有高校学生管理队伍具有正常的新陈代谢机制，才能增强高校学生管理工作队伍的生机和活力。因此，必须保持高校学生管理队伍人员的正常流动，这既是优化队伍结构的需要，又是现代管理学主张的动态管理原则的要求。要做到动态性管理，应从以下几个方面入手。

1.进一步优化高校学生管理队伍选聘机制

在当前发展社会主义市场经济的条件下，如何建立一个合格的流动制度，是增强队伍活力和生机，稳定和优化队伍的重要措施。要努力做到专职骨干队伍相对稳定，使其深入开展理论研究，积累经验，从而有效提高队伍的整体素质和工作水平。同时，要淘汰那些不适合从事高校学生管理工作的人员，健全优胜劣汰、良性竞争、动态管理机制，提升高校学生管理队伍人员的整体水平。

在这里，招聘优秀人员是提高队伍素质的重要一环。只有确保高素质的人才进入高校学生管理的队伍，才能在进一步培训的基础上构建一流的高校学生管理者队伍。选拔的目的是要建设好一支专兼结合、功能互补、信仰坚定、业务精湛的学生管理队伍。因此，开展好选拔工作是建设队伍的前提和基础，严格把好这一关，是高校学生管理队伍建设和管理的关键。在选拔的过程中，要切实坚持公开、平等、竞争、全面、择优原则，通过广揽人才，选贤任能，选拔出一流的学生管理工作者。

2.大胆培育任用高校学生管理优秀人才

人才培训在高校学生管理队伍培养过程中是一项系统工程。确立培养目标和计划，根据目标推进状况适时调整和完善培养计划，并根据计划的执行情况进行定期回顾和总结，以切实做到高校学生管理人才培养的科学性。高校学生管理人才的培养应通过脱产学习、在职培训、挂职锻炼、组织参观访问等多路径、多渠道进行，以全面提高自身素质。

高校学生管理队伍要发展壮大，除了鼓励队伍骨干人员安心工作外，还应制定倾斜政策，吸引更多的优秀人才加入到这支队伍，要按照革命化、知识化、专业化、年轻化的标准，注重从中青年中选拔优秀人才，配备到领导班子和各部门中去。对工作中表现突出、有显著成绩和贡献或有其他突出事迹的高校学生管理工作者要给予各项奖励。对在工作中取得突出成绩的优秀人员要大胆提拔使用，及时安排到领导岗位上去，以便发挥更大的作用。

3.进一步扩大高校专兼职学生管理队伍交流

目前，我国高校学生管理队伍由两部分人员组成，一是专职人员，二是兼职人员。其中，专职人员是核心和骨干，他们在教育活动中起主导作用。兼职人员是指那些既担负着其他业务工作，又担负着高校学生管理任务的人员。尽管他们不是用全部精力和时间来从事学生管理工作，但他们却是这支队伍中一支重要的力量。做好兼职人员与专职人员的交流，既有利于调动更多的人来关心和参与群众性很强的学生管理活动，又有利于学生管理与业务工作相结合。过去长时间的实践证明，兼职人员在高校学生管理工作中发挥着专职人员不可替代的特殊作用。

因此，要扩大高校学生管理队伍的覆盖面和影响力，就必须坚持兼职与专职人员广泛交流的方式，不遗余力地把高校学生管理这项社会性很强的实践活动不断推向深入。

第六章　信息时代背景下高校学生管理的发展

第一节　信息时代对高校学生管理模式的影响

近年来，互联网在我国得到了迅速普及和发展，对高校师生的学习生活，乃至思想观念都产生了广泛而深刻的影响。对于学生管理，一方面，互联网的普及和发展为高校学生管理工作提供了发展创新的机遇；另一方面，互联网的普及和发展也带来了一些新的问题，对学生管理工作形成了极大的冲击和挑战。在这种形势下，系统分析互联网所带来的机遇和挑战，探讨应用互联网开展学生管理工作，具有鲜明的现实和理论意义。

一、互联网为高校学生管理工作创造新的机遇

目前，我国高等教育存在的大众化、个性化、终身化、实用化等问题，都有望借助网络的普及而得以改变。具体说来，这些问题解决的可能性主要体现在以下几个方面：

（1）网络将激发学生学习兴趣和好奇心，增强学习主动性，从而使学生"自学自教自用"的能力得到较大提高，同时可以帮助教师及时更新教学内容，提高教学水平，改进教学方法，发挥"教与学"的有效性。

（2）网络高等教育的出现打破了传统教育的时间和空间限制，使高等教育的大众化和终身化成为可能。

（3）互联网普及和发展使个性化教育、按需学习成为可能。

（4）教学模式将从"教师教，学生学"的模式向学生"自学、自教、互教"转变，向教师"引导为主，教授为辅"的模式发展。

高校学生管理工作作为教育的重要组成部分，也必然受到高等教育模式转变带来的影响。近年来，学生管理工作面临诸多困境：管理方式方法单调老套，不具创新性；管理内容枯燥陈旧、理论脱离实际的现象突出；学校管理与社会管理脱节，管理社会化问题等。简言之，这些问题也希望能借助互联网得以解决。

与传统的学生管理工作相比较，应用互联网开展学生管理工作为学生管理工作的开展提供了巨大的空间，表现为以下几个方面：

（1）拓宽和丰富了学生管理工作的内容。

（2）促进了学生管理工作方式、方法的转变。

（3）开辟了学生管理工作的新途径。

（4）创造了学生管理工作的新环境。

可以说，利用网络开展学生管理工作是适应社会发展的需要，也是学生管理工作自身多样性、综合性和时代性等特征所决定的。

二、互联网为高校学生管理工作带来新的挑战

在推进高校学生管理工作过程中，互联网着实给学生管理带来了不可忽视的挑战，主要表现为以下几个方面。

（一）对大学生政治观、价值观的影响

不可否认，网络以现代化的形式和手段将德育的内容具体化、生动形象化，对大学生学习政治理论、培养坚定正确的政治观和价值观起到了积极的推动作用。但是，网络对大学生的政治观、价值观也带来了消极负面的影响。

在互联网时代，青少年学生虽然知识丰富、爱国热情和社会责任感高，但由于其经验和阅历有限，对国情、世情体察不深，对网上出现的一些社会现象认识不深或片面，容易被西方宣传的思想渗透而西化。

有关专家调查，网上信息47%与色情有关，六成左右的大学生会在网上无意中接触到"黄色信息"。还有一些非法组织或个人也在网上发布扰乱政治经济的"黑色信息"，蛊惑大学生。这种垃圾信息将弱化大学生思想道德意识，污染大学生心灵，误导大学生行为。

大学生很容易在网络上接触到资本主义的宣传论调、文化思想等，思想处于极度矛盾、混乱中，其人生观、价值观极易发生倾斜，从而滋生全盘西化、享乐主义、拜金主义、崇洋媚外等不良思潮。

（二）对大学生道德观、法制观的影响

高校学生管理工作的重要任务是提高大学生的道德文明程度，培养大学生良好的道德品质和法治观念，树立正确的恋爱婚姻观，培养职业道德和家庭美德。网络的应用促进了高校德育理论与实际结合，也深化了大学生的道德观和法治观，但网络带来的问题也不容忽视。

（1）社会责任弱化。互联网创造出来的虚拟社会为大学生群体提供了极大的自由度，这种虚拟环境往往会使他们忘记自己的社会角色和社会责任，从而

做出一些不道德甚至违法的事情。

（2）道德冷漠。如今，越来越多的大学生沉迷于聊天交友及各种电子游戏，减少了与他人进行可视性、亲和感的人际交往，这样容易使其对他人和社会的幸福漠不关心，失去幸福感知。另外，虚拟社会的非人性特点也易使大学生的人性受到影响。

（3）恋爱婚姻游戏化。带有游戏色彩的网恋在大学生中盛行已久，接着又出现网上同居、网婚等，在虚拟社会如此，回到现实社会更应引起高校管理工作者的高度重视。

（三）对大学生心理健康的影响

网络对大学生心理健康的影响主要表现为因痴迷上网而带来的一系列心理问题，如网瘾等。网瘾与其说是一种生理问题，不如说是心理问题，属于一种强迫症。由于互联网是开放性的、跨国界性的，其内容特别丰富，有信息类的，有游戏类的，有互动交流类的，有商务类的等等。不同的内容对大学生心理健康产生不同的影响。首先，网络"灰色文化"、网络"黄色文化"、网络"暴力文化"、网络"博彩文化"等容易对大学生心理产生消极影响；其次，网络成瘾、网络交往障碍、网络自我迷失、网络孤独、网络自我约束力降低等极易诱发部分大学生心态失常。

（四）对大学生生活的影响

通过开展高校大学生日常生活的规律和时间安排，以及网络对大学生生活的影响的调查，结果显示：首先，在闲暇时间及食宿时间的安排上，参与调查的学生中，有52%的学生选择在周末空闲时间上网。无论是网吧还是学校电子阅览室，每到周末生意都异常火爆。学生经常出去通宵，影响了他们的食宿。在通宵的过程中，就靠吃一点泡面，喝一点矿泉水维持一夜的活动，这不仅影响了学生的学业，更危害了学生的身体健康。

其次，在网络游戏对大学生的影响上，一方面网络游戏是对紧张学习的一种自我调节和放松。面对繁忙的学习任务和就业压力，学生适当地玩游戏可以缓解压力。另一方面，网络游戏也易使人沉溺其中，进而玩物丧志，扭曲一个人的心智。

最后，网络加剧了大学生的攀比与浪费。随着电子商务的普及，网购已经成为大学生购物的重要方式，虽然这种购物方式为人们的生活带来了方便，但也无形中增长了大学生的攀比意识和浪费行为。由于网购是电子付款，如通过支付宝、余额宝付款或通过银行卡转账等，这种不以实物货币作为交换的购物方式很容易让学生对金钱没有太大概念，在花钱时大手大脚。因为在用实物货币进行交换的过程中，大多数学生会考虑节省，也会在付款的过程中体会到父母挣钱的艰辛，还会有一个讨价还价的过程，让每一分钱花得有价值。但是，网络环境下，物美价廉的商品总是很容易激起大学生的购物欲望，而且不需要使用现金，当购物欲望很强时，支付宝、银行卡上的货币在学生眼里，也许只是一个数字而已，转账付款的过程中也很难体会到父母挣钱的艰辛。并且当网购上瘾时，必然会买一些重复的、不必要的商品，从而造成一定程度的浪费，特别是那些对服饰感兴趣的学生，往往会在着装打扮上比较注重，花较多的钱在衣服的采购上，更会造成学生间的相互攀比。

（五）对大学生学习的影响

随着信息技术的发展和完善，网络时代已经来临。然而，网络是一把双刃剑，虽然促进了大学生的成长与发展，但也对大学生的成长产生了不少负面影响。网络介入生活，已从多方面影响并改变了大学生的生活方式。一是生活场所的改变。网络出现以前，大学生的生活空间是一个固定的圆圈——寝室、教室、图书馆和食堂；而今，圆圈里的图书馆为电子阅览室或手机所取代。二是闲暇时间利用的变化。以前，无论是在网吧还是学校电子阅览室，每到周末生意异常火爆，大多学生原来用在图书馆的闲暇时间现都被用在网吧、宿舍电脑、个人手机或电子阅览室了。三是食宿时间和质量的变化。由于网络的独特魅力，很多大学生禁不住诱惑，经常在宿舍通宵游戏（手机或电脑），有的为追求竞技和网速的快感，甚至去网吧通宵，尤其是周末，在通宵过程中，他们大多靠吃泡面、喝矿泉水维持一夜的活动。这样一来，不仅影响了大学生学业，也危害了大学生健康。

互联网技术的迅速发展，给我们提供了一个千载难逢的机会，为我们大学生开启了一个全新的学习时代，网络空间转变为另一种形式的学习空间。人们把数字化学习资源进行精心设计，可以在不干扰学习者的情况下，完整、客观、精细、持续地记录着学习者的在线学习行为数据。面对信息化、知识化的快速发展，网络化程度的不断加深，丰富化、多元化信息资源的冲击，大学生学习能力受到了巨大挑战，这是我们当前急需应对的问题。

（六）对大学生管理模式的影响

（1）传统模式的改变给学生管理工作带来难度。现在电视、电台、网络等媒体无形中改变了学生的认知和价值观的走向，信息多元化，价值观多元化，给高校学生管理工作者带来很多问题。新媒体的出现改变了原有的管理教学模式，为了更好地进行思想政治教育，学生管理工作者要积极准备好新的姿态面对新的挑战。

高校学生管理工作者要努力学习网络工具的应用，加强学生的思想品德建设，要有效利用网络教育渠道和平台，帮助学生树立正确的"三观"。

（2）学生管理工作的主体地位受到威胁。随着大学生上网时间不断增加，网络已经成为其生活的一部分。网络的多元化影响着大学生思维方式的多元化，致使思想政治教育的主体地位受到了一定威胁。浩瀚的信息资料虽然开阔了学生的视野，但信息鱼龙混杂，所以高校学生管理工作者要做好充分的心理准备，主动占领思想政治教育主阵地，变被动为主动。

（3）学生个体行为的改变。互联网虽然克服了地域、时间的约束，但其中的信息良莠不齐，容易误导学生的思维方式。如果高校学生管理工作者不能完全有效过滤虚假信息，就会对学生个体行为造成不良影响。青年大学生还未完全接触社会，涉世不深，对网络道德和法治观念意识不强，所以高校学生管理工作者要加强网络安全教育引导，帮助大学生正确看待和运用网络资源。

（七）对学生管理工作者素质的影响

当今世界，网络已经成为西方国家对我国意识形态进行文化侵略和渗透的重要途径。面对复杂的国际政治局势、快速发展的网络科技、思想日益复杂的受教育者，高校学生管理工作者的政治素质、电脑技术、能力水平正接受着严峻的考验。

首先，高校学生管理工作者必须要跟上时代发展的步伐，如果孤陋寡闻，不善于捕捉网上各种各样的思想信息，不善于去伪存真、有的放矢，就会使学生管理工作的有效性大打折扣。其次，高校学生管理工作者如果没有坚定的政治信念，没有对共产主义的崇高信仰，就容易在形形色色的网络文化中丢失自己，误导学生。最后，高校学生管理工作者如果没有熟练的电脑技术，不善于借助最新的软件工具，必然无法满足思想政治教育工作的需要。思想政治教育工作者作为促进学生健康成长的导师，也是学生学习的榜样，只有不断地学习，提高认识，提升能力，才能成为一名合格的思想政治教育工作者。

借助新媒体工具开展思想政治教育工作，传播正能量，还需要高校学生管理工作者具备一定的网络应用能力。因此，在一定程度上，必须对高校学生管理工作者加强电脑及网络建设等技能培训，同时高校学生管理工作者自身要主动充电学习，积极为学生树立学习榜样，才能在日常的工作中发挥好网络优势，才能提高管理工作效率。

三、网络环境下高校学生管理工作的创新和发展

高校学生管理工作由学生、管理者、管理内容方法及管理环境四个方面共同构成，同时，在互联网时代大环境下，学生管理工作也受网络法律法规的健

全完善程度影响，所以网络环境下学生管理工作的创新和发展也需要从这几方面来寻求突破。

（一）转变观念，提高管理者自身素质

一方面，高校学生工作管理者要意识到网络的强大功能，树立网络为学生管理服务的指导思想。另一方面，管理者还要提高自身的信息素质，加强对互联网的理论研究、实践探索，以理论促进管理实践。

（二）加强宣传，嘉奖先进和惩训后进并举

俗话说，榜样的力量是无穷的。对模范榜样、先进个人、先进集体等要进行鼓励嘉奖，对反面典型要进行适当批评和惩罚，使之吸取经验教训。鉴于高校学生管理是"家庭—学校—社会"集于一体的系统工程，所以对模范榜样、先进典型的宣传要以学生和教师个人为中心，要以学校为阵地，逐渐向紧密相关的家庭和社会渗透，从而达到合力最强，管理实效性最大化。

（三）创新内容，发挥管理对象的主动性

首先，要积极丰富和创新高校学生管理工作内容，要结合网络环境下学生教育管理的特点，提升学生管理的实效性和针对性，开展丰富多彩的、积极健康的网络校园文化活动，积极引导学生参与其中。其次，要注意尽量把管理制度同现实生活联系起来，结合当前网络教育管理的多发典型案例，如网络诈骗等，调动学生的积极主动性，参与网络教育管理讨论，达到强化效果。最后，在具体内容上要加强网络道德和法制教育模块的建设。

（四）创新机制，提升学生管理工作成效

网络为高校学生提供了快捷的信息获取渠道、全新的人际交往方式，影响着高校学生的思维方式、价值观念、道德素养和行为规范，给高校学生管理工作既带来了崭新的机遇，也带来了严峻的挑战。面对新形势、新情况、新问题，高校学生管理工作者必须要转变观念，开拓思路，积极探索适应网络时代需要的新型学生管理工作机制，研究创新工作方式和手段，切实提高高校学生管理工作的水平。

首先，要积极探索网络环境下学生管理的新机制，建立学生思想信息"收集—整合—调整和干预"的网络调研体系，有针对性地研究和探索一套行之有效的学生管理规则制度。其次，健全完善校园网络建设，开展大学生网络素质教育。通过建立各种网上党建专栏、网上党校、网上心理咨询等，建好微信公众号、QQ群、微博等新媒体平台，运用丰富的漫画、视频、德育软件等，增强网络思想政治教育的吸引力和感染力。再次，培养提升学生管理队伍的综合素质，组织开展健康的网络文化活动。高校要加强网络时代学生管理工作者的政治素质、思想素质、道德素质和业务素质，提高他们的网络操作能力，使他们学会运用现代教育理念和信息技术手段拓展和提高自身管理能力和管理水平。最后，还要善于运用多媒体工具，甚至开发管理软件来推动高校学生管理工作进一步走向规范化、现代化、科学化，开创新时期高校学生管理工作的新局面。

第二节　信息时代高校教育教学模式的转变

一、教育信息化已成为提升教育发展水平的重大战略举措

2015 年 3 月 5 日，李克强在《政府工作报告》中提出："制定'互联网＋'行动计划，推动移动互联网、云计算、大数据、物联网等与现代制造业结合，促进电子商务、工业互联网和互联网金融健康发展，引导互联网企业拓展国际市场。"我国将推进教育信息化纳入国家"互联网＋行动计划"，启动国家"互联网＋教育行动计划"，大力推动互联网、云计算、大数据、物联网与教育相结合，这既有利于全面推进国家教育信息化进程，又有利于创造世界上最大的教育信息化服务市场。教育信息化已成为当今世界各国提升教育发展水平的重大战略举措。

（1）教育信息化正在深刻地改变着人类社会的教育理念和教育形态。线上教育与线下教育相结合、移动学习与固定学习相结合、集体学习与个体学习相结合、独立学习与团队学习相结合、知识学习与能力培养相结合等正在成为现实。由此可见，教育信息化已成为引领教育理念和教育模式深刻革命的引擎。

（2）教育信息化正在成为促进教育公平、提高教育质量的有效手段。世界各国普遍把教育信息化作为缩小数字教育差距、实现优质教育资源共享、促进教育均衡发展的战略选择。

（3）教育信息化已成为创造泛在学习环境、构建学习型社会的必由之路。教育信息化为人们的移动学习、终身学习提供了可能。

（4）教育信息化正在成为解放教育生产力、提高教育评价和管理效能的重大技术手段。

随着大数据、云计算、互联网、物联网技术在教育中的运用，特别是在线教育、翻转课堂、微课程等以网络信息技术应用为支撑的新的教育模式在大中小学教育的大量运用，教育界正在迎来教育信息技术革命的新时代。现代信息

技术在工业制造业领域的应用促使智能工厂的出现，一种新的教育形态——智能教育正在向我们走来。智能教育就是用现代信息技术和人工智能技术武装教育，最大限度地提高教育的智能化水平。可以说，我们已经看到了云技术、大数据、互联网、物联网技术和人工智能技术在学生学习、教师教学，以及教育教学评价、管理等方面全面应用的光明前景，看到了用技术改变教育的现实可能。

习近平强调："没有网络安全就没有国家安全，没有信息化就没有现代化。""以教育信息化带动教育现代化"是推进我国教育事业改革与发展的重大战略选择，是深化教育领域综合改革的重要组成部分。进入新时代以来，国家在推进教育信息化方面采取了一系列重大战略举措，大力推进"三通两平台建设"的国家教育信息化战略实施。"三通"即"宽带网络校校通，优质资源班班通，网络学习空间人人通"；"两平台"即建设教育资源公共服务平台和教育管理公共服务平台。2014 年，教育部等五部门又出台了《构建利用信息化手段扩大优质教育资源覆盖面有效机制的实施方案》，对如何推进"三通""两平台"建设做出了具体的战略部署。大力推进教育信息化有两大关键：一是电信运营商提供的网络带宽建设，即国家教育信息化战略所规划的"三通"，只有实现了"三通"，教师和学生才能享受教育信息化服务；二是网络运营商提供的以硬件服务器为支撑的课程资源平台和管理平台建设。

二、全面推进国家教育信息化有利于优质教育资源均衡发展

首先，要解决教学资源不均衡的问题，加速实现各种优质教育资源的集成共享。要充分利用信息技术，积极进行混合式教学的探索和实验，建立高校之间优质数字化资源共建共享机制。国家精品视频公开课程和精品资源共享课程向高校免费开放。大规模在线开放课程建设、教学资源平台建设等可以扩大优质教育资源受益面，使高校学生能够参加国内外著名大学网络课程的学习；精品资源共享课、视频公开课等可以提升一大批中青年教师教学水平。

其次，要建立以学生为中心的新型教学模式，强调学生主动性、学习灵活性和教师的辅助性。大数据背景下，以互联网信息技术为核心的各类教学模式和学习方式不断呈现，如微课、慕课、翻转课堂等。在"互联网 +"背景下，教育已不是传统的线性模式，而是非线性、模块化、可定制的，学生可根据自身的需求、兴趣选择学习内容。对高校而言，这就需要利用互联网技术、大数据技术整合不同资源，开展启发式、探究式、讨论式、参与式教学，建立起以学生为中心的教学模式。

最后，要推动高校相关专业建设，加快培养互联网领域专业人才。把互联网技术、物联网技术、云计算、大数据、数字制造技术、智能制造技术等相关知识纳入高校的公共基础课教学，提高大学生的互联网知识水平。在高校或企业建立涵盖 3D 打印技术、智能家居技术、可穿戴技术、智能制造技术、物联网技术的"创客中心"或"创客平台"，引导大学生开展创新创业实践活动，从而实现创新与创业相结合、线上与线下相结合。

三、网络文化已成为影响和谐校园文化构建的重要因素

网络日益成为我们生活的一部分，网络文化已经成为一种流行文化。网络媒介因而具有了丰富的文化内涵。"文化"这一概念拥有多种定义，文化可以说是一种特殊的生活方式的描述。这种描述的范围不仅包括艺术、思想等经典范畴，还包括一些日常生活行为中的某些意义和价值。既然文化是一种生活方式，网络文化也就是互联网所形成的一种生活方式。由于这种生活方式以网络互联为基础，以获取信息为目的，因而网络文化一般也可以看作一种不分国界、不分地区，建立在"互联网 +"基础上的信息文化。

对和谐社会的倡导与研究已有大批深入的、权威的文献。知识经济时代，教育不仅是推动社会经济发展的重要动力，还是促进和谐社会建设的重要力量。和谐的校园文化既是构建和谐校园的基本目标与内涵，又是构建和谐校园的基本途径与模式。和谐校园的本质属性是文化和谐。建设和谐的校园文化不能无视网络文化的影响。

关于网络对青少年的影响，已有多项研究成果，戒除网瘾是一个社会话题；网络文化对和谐社会建设的影响已引起人们的广泛关注，有的省份还举办了"网络文化节"。网络文化对和谐校园建设的影响也已引起人们的关注。中共中央、国务院《关于进一步加强和改进大学生思想政治教育的意见》中提出，主动占领网络思想政治教育新阵地。但关于网络文化对构建和谐校园的效应，较为全面和深入的分析文章还较为少见。

随着网络的发展和网民的增多，被网络化已经成为一种不可避免的现实。这是分析问题的一个前提。没有这个前提，谈网络文化对构建和谐校园的效应就没有多大意义。根据对不同年级、男女比例、文理科比例基本相当的 300 名在校大学生的调查，其中认为网络文化对和谐校园建设"有"影响力的占到 74%（认为影响"大"的占到 40%），从中学就接触网络的占到 8%，现在每周上网两次以上者占 53%，对网络文化表示熟悉和了解的占 76%。在"网络文化影响和谐校园建设具体实例"的列举中，学生的举例广泛而全面。这说明人们

被网络化已经成为一种不可避免的现实。网络的普及性和吸引力是造成这种现实的基础和条件。

四、互联网技术已成为变革传统教育管理方式的助推器

与教育史源远流长相比，互联网的历史是短暂的。人类教育的历史几乎与人类的几千年文明史相当，互联网的出现、普及、应用都与教育密切相关。自2012年以来，网络教育业逐渐升温，投资并购不断，百度、阿里巴巴、腾讯纷纷涉足，都把网络教育视为巨大商机。

从发展机遇而言，首先，互联网技术为提高人才培养质量创造了条件。以"慕课""翻转课堂""微课程"等为代表的基于互联网的教学模式，突破了学习者的学习时间和空间的局限性，有利于学习者共享课程资源，进行个性化的线上学习，同时为探索线上教学和线下教育相融合，促进学生的自主学习和合作学习，改革传统的教学方式和手段创造了条件。

其次，互联网技术为拓展优质教育资源开拓了新路径。利用互联网技术多元而便捷地获取教学资源的特点，可以把有限的投入集中到优质线上课程的建设上，并通过建立共享机制进行优质教学资源的均衡配置，以效率促公平，促进优质教育均衡发展，推进学习型社会建设。

最后，在线课程联盟的构建为提升教育国际化水平搭建了新平台。以Coursera、MOOC、edX等为代表的在线课程联盟的发展，加速了国际化课程、教材和课件的跨国流动与共享，也必然伴随着先进教学理念、现代教学方式和教学管理模式的跨国传播与融合，从而为优质教学资源共享与国际拓展、变革教育教学方式、改善学校国际形象搭建了新平台。

为促进互联网教学的发展和人才培养质量提升，高校要主动应对互联网教学带来的挑战。

（一）更新传统的教育教学观念

要突破"千校一面""万人一面"的培养模式的禁锢，建立富有时代内涵的人才观、多样化的质量观和现代的教学观；遵循教育教学规律和人才成长规律，践行"因材施教"的教育理念，探索多样化和个性化人才培养模式。

（二）改革传统的教育教学方式

利用"慕课""微课程"等线上课程资源，实现学习过程的"翻转"，将学生接收知识的环节从课堂讲授转移到课前线上自学；在课堂上通过教师组织引导、师生互动和生生合作，将学生课前个性化学习到的知识融会贯通，实现知识内化的部分功能；要改革传统的课堂教学模式，引导学生自主学习、合作

学习、探究式学习；要探索线上线下教学相结合，共享优质教学资源，彰显教学水平和特色，改善学习效果和效率。

（三）促进教师的职业生涯发展

学习过程的翻转使教师角色从知识的传授者转变为学生的学习伙伴。要优化教学评价标准，加强教师培训，提高教师运用现代信息技术的能力，激励教师研发网上课程，参与线上教学，同时鼓励学生参与线上自主学习。

（四）创新教育教学管理体制机制

加强系统研究和顶层设计，创新教育教学管理体制和学生管理机制，调整教学组织形式和教室布局；完善教学质量监控和保证体系，重视学生学习效果跟踪和评价机制的建设，强化评价结果反馈和改进机制。

（五）推进"互联网教学"良性发展

一是加强联结与互动。互联网教学模式的基本特征是联结和互动，学校要加强统筹规划，避免重复建设和分散建设，实现优质教学资源共建共享；要引导学校改革课堂教学模式，更好地实现师生互动、生生互动、人机互动，提高学习效率。

二是完善学习监督和效果评价机制。要优化学习评价标准和评价方式，重视大数据技术的应用，实现教学及其管理平台的数据交换和共享，及时评价和反馈线上学习效果；要改善教师的线上教学水平，提高学生线上学习的主动性、自律性和选课完成率。

三是探索和完善互联网教学的运行机制。要厘清线上教学的公益性与营利性的关系，优化"慕课""微课程"等课程联盟或协作组织的运营模式，筹集线上教学经费。要研究线上课程标准与认证方法，探索学分转换、学分互认、学分银行等机制。普通高校、开放大学、在线课程联盟或协作组织及互联网教育产业要协同探索，优势互补。

四是跳出互联网教学发展的误区。教育的终极目标是培养全面发展的人。学校的办学传统、校园文化和校风学风对学生成长成才具有潜移默化的熏陶和催化作用，对学生综合素质的养成，包括社会发展性、人际关系和公共关系、团队精神等素养和能力的养成至关重要。因此，课程教学不等于学校教育，互联网教学不能完全取代学校教育。要倡导严谨求实的态度，避免炒作概念、片面夸大作用，把重点放在优化网络教学环境、提高在线开放课程质量、共建共享优质教学资源、线上线下教学相互融合、改善学习效果和学习效率上。

对高等教育而言，"互联网+"是最优选项和必由之路，但还需要诸多的保障措施。首先，高校信息化建设的投入需安排专项资金。其次，教师信息化教学素养和意识需要与"互联网+"语境相符合，要通过网络研修等多种方式进行提升。最后，对信息化教育绩效的评估和考核应保持常态化，各高校要专门制定本校的信息化发展规划，并定期进行评估和反馈。

第三节 信息时代高校学生管理工作面临的挑战

一、管理观念有待进一步更新

大学生管理工作是高校管理工作中的一个重要组成部分，它是维护学校正常教育教学秩序、保证大学生健康成长的基础性工作，是提高人才培养质量的重要保证。近年来，随着招生规模的不断扩大和后勤社会化改革的不断深入，高校学生管理工作正面临着许多新情况、新问题。面对新形势，高校学生管理工作者必须创新学生管理观念，确立"学生至上""质量至上"和"服务至上"的管理新理念，通过强化学生教育、管理和服务，提高学生的成才率和就业率。

二、管理机制有待进一步完善

在信息化社会的背景下，中国高等教育发生了三个关键性转变：第一，高等教育由精英教育转为大众教育。第二，单一教育转为多元教育。课堂教学不再是高校舞台上唯一的主角。全面素质教育的开展让实践、创业、实习、心理、体育等多种教学方式呈现。第三，"封闭式"校园转为开放校园。在互联网飞速发展的今天，数字校园成为学生最重要的第二课堂，为学生提供了更加广阔的网络学习和社交空间。

教育和社会背景的变化必将带来学生的变化，新时代的学生呈现三个新的特点：第一，活动不再局限于课堂，学生开始积极地参与课堂以外的各种活动，如创业、社会活动、实习等。第二，学习不再局限于书本，学生开始活跃于各种网络在线课堂，热衷于电子化知识的学习。第三，思想不再局限于被管理，学生开始有自己的主见和主张，崇尚个性，追求自我实现。正是由于新时代学生的这些新特点，学生管理工作面临前所未有的挑战。

高校学生管理工作主要包括学业、安全、评价、服务、教育五个方面。目前学生管理中存在的问题很多。一是学业方面：某学生到课率低，是因为厌学，还是另有他因？二是安全方面：某个学生失联，怎么找寻？怎么从前期的在校情况找出端倪？三是服务方面：管理者需要付出很多精力来应付学生的各类问题，全面一网通办何时最终实现？如何能针对性地提供服务？四是评价方面：各类助奖学金、评优，如何准确地选取最匹配的人选？五是教育方面：如何有针对性地为学生提供思想政治和心理教育？以上均为一些具体问题，总结分析来看，目前高校学生管理工作呈现如下三个特点：

第一，被动管理。由于管理者缺乏有效途径获取每个学生的实时情况，无法对学生主动关怀。常常是在异常发生后，管理者才去善后。这种亡羊补牢的方式容易让学生受到伤害，也让管理者每日疲于应付，身心疲惫却得不到学生和学校的认可。

第二，群体管理。当前主要以班级为单位进行集体统一管理，开班会、班级活动等是主要的方式。但在这个信息化时代，文化价值观多元化趋势日益增强，每个学生价值观、性格、兴趣爱好都千差万别，"一刀切"的群体管理方式已经不合时宜。

第三，粗放管理。当前管理重在管理学生上课情况和人身安全，常常采用点名、手工填表等粗放管理方式。学生的校园和社交生活多姿多彩，学生思想活跃，个人意识增强，价值观容易受到社会影响，粗放式管理很难发现学生的细微变化，常常由于细微的忽视而酿成大错。

诸多学生管理方面的陈旧观念亟待更新。在管理上，当前各大高校已经采用加强学生管理队伍建设、引入心理辅导等多种办法来提升学生管理工作。在技术上，当今互联网技术正渗透到各行各业，学生管理工作者更需要思考怎样利用互联网技术提高管理水平，让管理和技术有机结合，寻找提高学生管理工作水平的方法。

三、管理模式有待进一步改革

当前，高校学生管理工作手段和方式单一化是大部分高校普遍面临的一个严峻问题。这种单一化的模式不但会影响到学生管理工作的质量和效率，而且对于管理水平的提高是极为不利的。一些高校采取的被动式和单向度的学生管理工作模式与现阶段在校生的理解认知方式存在一定偏差，管理工作效果并不理想。高校学生管理模式是高校在一定的管理理念的指引下，对学生不同的需求，基于不同的条件，朝着既定的人才培养目标和管理目标所做出的一种路径选择。从文献资料来看，国际国内对高校学生管理模式的研究较多，在实践中较有影响力的有柔性学生管理模式、学长制学生管理模式、主导服务型学生管理模式、班导制学生管理模式等。

（1）柔性学生管理模式是相对于刚性管理模式而言的，是指管理者在研究人们的行为规律和心理特征的基础上，在深入了解被管理者的前提下，采用非强制性的方式，对被管理者的心理及行为规律由他律转化为自律，由组织管理转化为自觉管理的一种人格化管理的新模式。

（2）学长制学生管理模式作为一种学生自主管理模式，是以辅助管理的角色介入，其要义在于通过精选高年级中优秀学生，以平等、博爱精神与新生实现良性互动，从而培养团结互助精神，加强纵向管理、横向交流的教育管理目的。

（3）主导服务型学生管理模式主要是以学生为主体，以服务学生成长成才为工作目标，以完善服务体系和构建服务平台为基础，以提高服务能力和服务水平为重点，以规范健全服务制度为保障，通过建立健全科学的服务体系、规范的服务制度、高效的服务方式、专业的服务队伍，促进学生管理中教育、管理、服务的有机结合与和谐发展，以培养身心健康、全面发展、有个性并富有创新创业能力的高素质人才。

（4）班导制学生管理模式是指辅导员、班主任、班主任助理、就业导师"四位一体"的管理模式。

以上四类传统学生管理模式在不同的历史时期和不同的学校都发挥了应有的作用，但随着高等教育逐步进入内涵式发展阶段，国家、社会、家庭对学生管理工作高质量育人效用的期待值增加，这些传统学生管理模式的弊端日益显露出来，单就应用型人才成长需要和成才特点来看，主要体现在以下几个方面：

首先，高校学生组织机构既定的规章制度规定学生管理只能"按规定办""按通知要求做"，各学生管理部门只要干好自己分内的事即可，对需要即时处理但不属于自己管辖范围的问题爱莫能助。因此，程式化的学生管理模式效率较低、应变能力较弱。

其次，管理工作的预设对象大多是学生整体，如男生、女生，评优的学生、违纪的学生等，很难顾及学生个体。学生个体参与学生管理工作主体地位不突出，学生个性化需求得不到满足，有针对性的育人措施得不到有效落实，学生管理工作效率较低。

最后，学生管理队伍缺乏专业化训练。院系党总支正副书记、团总支正副书记、班主任、辅导员等教师系列的学生管理工作者对学生的生活、学习、安全、就业、心理健康、思想政治教育等工作都是一把抓，往往头疼医头，脚痛医脚，上边一有工作任务下达就集体冲上去，缺乏具体分工和相互配合，只追求任务的完成、问题的解决，很难给学生提供建设性的意见和预期性的指导，因而学生管理工作者职业化、专业化水平较低。

另外，在当今社会的新形势下，许多新的矛盾出现在了高校学生的管理工作中。环境、任务、内容、渠道和对象都发生了很大变化。高校如果不能适应这种变化，只是简单地重复之前的老办法，往往会适得其反。因此，我们要认清如今的紧迫形势，在高校学生管理上不断发展，探索更多改革的新路子。

四、管理经费有待进一步增加

为保证学生管理工作的顺利开展，高校一般以在校研究生、本科、专科人数为标准，由财务处把学生管理经费和助困经费（统称为学生工作经费）直接划拨到各学院，各学院设专户管理。但是，各高校学生管理工作普遍面临活动经费紧张的实际问题，每个学期的经费数额比较小，基本不能或是仅仅能够满足学生管理活动的需求，没有办法从工作发展和建设的角度制定经费使用预算。长此以往，将给学生管理工作的开展带来阻碍，甚至会影响到学生管理工作发展中长期计划的制订和实施。

五、管理队伍有待进一步优化

长期以来，很多高校往往将目光更多地投向师资和基础设施建设上，忽视了辅导员、专职班主任等学生管理力量的整合和补充，造成学生管理工作者不配套、素质参差不齐。具体表现在以下几点：一是辅导员、专职班主任数量严重不足，达不到教育部要求的学生管理人员与学生1：150至1：120的比例；二是辅导员、专职班主任培训少，缺乏进修和再提高的平台和机会，对新形势认识不深，对新的学生管理理念和方法了解和掌握不足，限制了学生管理工作者思想水平和专业素养的提高；三是学生管理工作者人员构成复杂，一些在其他岗位被优化出来的人员经常会被安置到学生管理岗位。

就目前的情况来看，我国绝大多数高校在学生管理方面都存在不足，尤其是学生辅导员的数量不足，再加上学生管理工作任务比较琐碎、繁多，导致辅导员没有更多的时间和精力处理学生的思想工作。目前，绝大多数高校的辅导员都比较年轻，对高校学生管理方面的经验不足。辅导员任务繁重、学生管理经验不足将直接造成高校在学生管理方面的局限性，更不能个性化地满足学生的需求。高校学生管理工作内容庞杂，事务琐细，各项工作最后都要落到辅导员身上，导致辅导员很难应付，从而直接导致管理工作过于表面化，流于形式，很难对学生的日常行为、生活学习等方面进行有效管理。

高校学生管理工作者的整体素质关系到学生管理的效果和学生健康、和谐发展情况。首先，高校要做好学生管理岗位人员聘任的优选，吸纳德才兼备的年轻干部和优秀毕业生加入学生管理队伍。其次，应结合学生管理工作职业发展规律，创新辅导员、专职班主任队伍建设，以专业化、职业化培训促进学生管理工作者的业务素质提升。再次，要将提供脱产学习、进修、深造的平台和机会作为学生管理工作者素质提高的重要渠道，不断改善学生管理工作者的知识结构和专业水平，使其把新思想、新知识、新信息传递给学生。最后，要建立公平、合理的奖励机制，提高学生管理工作者的待遇，吸引更多优秀人才充实到学生管理工作队伍。高校学生管理工作要成立相应的职能部门，专门负责信息化的学生管理工作。信息化管理平台初步建成后，高校要与信息技术服务公司进行协商，建立一支信息技术能力高的管理队伍，针对信息化管理过程中用到的信息技术进行培训，帮助管理人员掌握信息化管理平台的使用方法，达到熟练应用的程度。这样不仅可以提高信息化管理平台的工作效能，还节约了管理成本。

高校要进一步强化学生管理工作者队伍建设，以高校辅导员队伍为主体，并将专业教师、后勤服务队伍等纳入学生管理工作者队伍之中，根据职责分工确定管理工作任务目标，提高管理工作专业化水平，确保学生管理工作的科学化和制度化。

六、辅导员力量有待进一步增强

对多所高校进行的抽样调查发现，新时期高等教育事业发展迅速，而高校辅导员队伍建设与发展相对缓慢，面临诸多严峻的问题，具体体现在以下几个方面。

（一）辅导员配备不齐，结构不佳，素能不高

高校大学生人数激增，大学生素质参差不齐，客观上需要增加专职辅导员的人数，提高辅导员的综合素质。调查显示，有近2%的学生没听说过有辅导员这一职业，23%的学生不知道辅导员是教师编制，18%的学生没见过专职辅导员。从年龄结构上来看，绝大多数高校要求辅导员年轻化，基本上是从应届毕业生中选拔或由本校在读研究生兼职，很少从其他渠道选拔。由于缺乏人生经历和育人经验，工作效果欠佳。毕业于思政一级学科与心理学、教育学二级学科专业的比例为19.8%。辅导员基本没有经过专门培训，缺乏高校之间组织的集中学习和交流经验，工作效果不够理想。同时，辅导员个人素能参差不齐，导致思政工作的效果存在巨大差异。

2017年，教育部修订出台《普通高等学校辅导员队伍建设规定》，规定高

等学校应当按总体上师生比不低于 1 ：200 的比例设置专职辅导员岗位，按照专兼结合、以专为主的原则，足额配备到位。当前，全国高校辅导员队伍力量逐渐增强，专业化水平逐步提高。

（二）工作性质模糊、职责不清、职权不明

目前的辅导员工作涵盖了大学生学习、思想、生活、文体、社会实践各方面。由于工作性质和工作职能的特殊性，其工作难以定位，往往容易与一般行政人员不分。在同各高校辅导员的座谈中发现，多数人把工作精力集中于学生的党团建设、学校的招生就业，甚至是院系的收费管理等问题上。20% 的学生反映辅导员的工作侧重于纪律管理，15% 的学生认为主要是收费管理。辅导员工作复杂多样，学校院系的教务、宣传、招生、就业、组织建设、公寓管理等都分摊到辅导员身上。调查中发现，学生与辅导员较少或难得一见的比例占到65%。

另外，部分辅导员除了担任多个班的班主任及负责院系学生的全方位监管外，还担任授课工作，工作强度大，精力分散。这些使辅导员难以继续学习提升自身能力，难以对学生的生活、学习、思想进行系统分析，难以对普遍存在的问题与个别特殊问题进行有效解决。另外，在学生出现问题时，辅导员的职权往往不明朗。在辅导员座谈中了解到，辅导员被赋予的权限不明或很少，往往是起到"情况汇报者"的作用。

（三）地位较低、身份特殊，队伍不稳定

辅导员对学校的稳定与发展发挥了巨大作用，对学生的成长成才帮助很大，但付出的辛勤劳动没有完全得到学校师生的肯定。由于工作对象是学生，需要花费大量时间与他们交流沟通，但从学校管理层到师生，许多时候把辅导员作为"勤杂人员"看待，甚至部分高校行政管理层中有"做不好教师就改做辅导员"的认识误区。辅导员与专职教师或行政人员相比，在职称待遇、福利收入上明显偏低，在目前高校的人才评价体系中，缺乏"知识工作者"身份的认同感。

教育部规定，专职辅导员的任期一般为 4 至 5 年，这种短期化的政策使学校领导和辅导员本人都把辅导员工作当作一种临时性、过渡性的工作，作为短期职业对待，造成整个辅导员队伍的不稳定。辅导员队伍中缺乏理论水平高、经验丰富的专家。

（四）绩效考核与激励评价体系不完善

辅导员的编制归属没有统一的标准，工作管理上分属于各院系或者学工、教务、后勤、宣传等职能部门，人事管理由学校人事处安排，任用、选拔、考核、提升则由组织部负责，工作实施则受学校教务、学工、后勤及院系领导的多重安排。行为思维受制于多个部门，处于被动工作的局面。工作繁多而全面，做得多，思考得少，导致教学中影响力不如专职教师，管理中感召力不如行政人员。

目前，各高校中极少有针对辅导员工作而建立专门的绩效考核与激励评价体系，即使有，也仅表现为原则性与纲领性的条文。难以将其工作定性或定量，使操作过程难以把握，事后难以进行绩效考核。另外，高校中实施的教师职称、课酬、福利等激励制度在辅导员身上没有普适性，挫伤了其开展工作的积极性、主动性和创造性。

七、管理载体有待进一步构建

互联网技术的迅猛发展促进了新媒体的日益普及，现在先进的媒体传播效果是新媒体载体合力的结果。"互联网+"时代，信息的传播具有超时空性，而在学生管理工作中，高校对媒体传播的利用似乎还是有些滞后。另外，目前我国高校的学生管理工作在新媒体应用上的投入力度还是比较欠缺的，不利于学生管理工作的全面升级，因而在"互联网+"时代下学生管理工作载体的构建具有重大意义。

（一）"互联网+"时代下学生管理工作载体运行中存在的问题

（1）存在明显的条块离散与分割状态。从根本上说，学生管理工作本身是具有开放性、整体性及动态性的一个特殊生态系统。每一个学生管理工作载体力量条块分割都非常显著，且彼此配合与呼应极为匮乏，一般会表现出无序、自发等分崩离析的状态，缺乏合理的结构分布。

（2）随意应用载体与盲目跟风。尽管现阶段高校逐渐意识到学生管理工作载体的重要地位，然而在研究载体方面依旧比较落后，再加上欠缺新载体实际应用能力，对发挥载体功能产生很大影响。这些在实际应用新媒体上充分表现出来，一些学生管理工作者在向学生传授知识时比较热衷于讨论互联网中比较流行的话题或者视频，并不会深入性讲解，这就在很大程度上降低了管理效果。

（3）不够重视学生管理工作中新媒体载体的重要作用。由于新媒体的特点是快捷传播、检索方便、交互性传播等，因而逐渐受到学术界的广泛关注，并逐渐被应用于高校学生管理工作中。然而，很多人淡化了技术投资新媒体及更新观念，特别是新媒体技术在带给人们便利的同时会存在很多负面影响。

（二）新媒体时代下形成学生管理工作载体合力的措施及途径

（1）构建互联网教学资源中心与教学平台。就学生管理工作内容环节来说，必须对传统管理方法进行科学演绎，发挥新媒体在管理中的重要作用，同时在管理方法领域，应该对多媒体技术予以有效应用，创新管理工作，而且要开发完善的学习资源，由主干内容、扩展内容、辅助内容共同组成学生管理工作载体。

（2）创建校园特色网站，提升学生管理工作辐射力。这需要打造极具特色的校园网站，如在本校互联网中构建视频新闻及图片鉴赏等，能够以视觉冲击方式直观地展现出静态的建筑风格与学院风貌，对本校精神和文化进行有效传播。浏览校园网可以以其超语言性与直观性对学生人生观、价值观及道德情操等产生影响，学生能够在潜移默化中受到熏陶与感染，促进学生修身立德。

（3）利用网络优势，搭建学生管理工作新平台。对比传统的传媒，网络传媒无疑具有更加快速、广泛的特点。对于这种新的网络传媒，学生管理工作者应充分认识其优势，让这些优势为学生管理工作服务。

第一，学生管理工作者要在思想上统一认识，认识到利用网络媒体进行学生管理工作的必要性。根据网络传媒的特点认真思考，积极研究新型教育管理工作方法，使学生管理工作方法得到进一步优化。

第二，利用新型网络传媒进行学生管理工作，并不是说把传统管理方式完全摒弃，而是要将它们与新型的管理方法相结合，取长补短，使学生管理工作方式、方法更加完善。

第七章　信息时代背景下高校学生管理工作的创新

高校学生管理工作是保持学校稳定，保证教学和管理秩序的基础，是对学生进行思想政治教育的重要阵地。但是，随着"互联网+"、大数据、教育大众化时代及"微时代"的来临，学生的思想观念日益复杂，传统的学生工作管理观念、方式和体制已很难适应形势发展的需要，必须用新的思路加以改革和创新。

第一节　"互联网+"时代高校学生管理工作创新研究

一、"互联网+"的科学内涵

"互联网+"是创新2.0下的互联网与传统行业融合发展的新形态、新业态，是知识社会创新2.0推动下的互联网形态演进及其催生的经济社会发展新形态。"互联网+"代表一种新的经济形态，即充分发挥互联网在生产要素配置中的优化和集成作用，将互联网的创新成果深度融合于经济社会各领域之中，提升实体经济的创新力和生产力，形成更广泛的以互联网为基础设施和实现工具的经济发展新形态。"互联网+"行动计划将重点促进以云计算、物联网、大数据为代表的新一代信息技术与现代制造业、生产性服务业等的融合创新，发展壮大新兴业态，打造新的产业增长点，为大众创业、万众创新提供环境，为产业智能化提供支撑，增强新的经济发展动力，促进国民经济体制增效升级。

（一）"互联网+"的本质是传统产业的在线化、数据化

"互联网+"的本质是传统产业对互联网的深层次、全方位应用，以及互联网对传统产业的改造和重塑，而非简单的在线化和数据化传统产业。互联网的应用可以解决现有市场机制下许多解决不了的问题，如缓解信息不对称、降低交易成本，也可以通过改变生产流程，促进竞争力的提高。我国互联网在商

业领域的应用已经处于世界领先水平，而互联网在工业领域的应用大大滞后。从互联网商业到互联网工业是从互联网应用到"互联网+"的最好诠释。互联网及信息化正带来新一轮科技革命。中国当前正处在抓住和引领产业革命前沿的最佳机遇期，抓住这次机遇，对于中国经济的长远发展和创新体制建设，具有深远的意义。

（二）"互联网+"是互联网的全方位应用

互联网归根结底是一种工具，就像前几次技术革命中的蒸汽机、电一样，从产生就广泛应用于各行各业。从这个意义上来看，"互联网+"是以互联网为主的一整套信息技术（包括移动互联网、云计算、大数据技术等）在经济、社会和生活各方面的扩散应用过程。单纯从互联网的应用角度来理解"互联网+"可能会让人产生疑问：既然"互联网+"是国民经济各行业和全社会对互联网的应用，市场经济体制下，因竞争压力而借助互联网进行成本缩减必然成为市场主体的理性选择，那么互联网的应用不是水到渠成的事情吗？为什么各个国家都以不同的形式将类似于"互联网+"的内容（如美国的工业互联网）列为国家级战略布局？核心在于互联网与哪些产业"相加"。

（三）"互联网+"是产业应用，更是产业重塑

从中国近几十年来互联网的短暂发展史来看，中国当前正经历互联网商业向互联网工业过渡时期。互联网与商业的结合极大地改变了我们的日常生活方式，中国电子商务的快速发展印证了这一点。互联网对商业的改写毫无疑问降低了市场的运行成本，弥补了中国非统一市场的缺陷，但本质上并未改变其商业属性，解决的仍是生产与消费的低成本匹配问题。基于互联网的零售业从本质上只是缩短了零售环节，节省了交易成本。

经济史研究表明，商业经济时期，社会的创新能力并没有显著提升，其互通有无的本质注定不会产生"生产什么及如何生产"这样的经济知识。因此，基于商业贸易的互联网应用虽然可以改变产业形态，但从理论上来说并不会大规模产生新的经济知识及技术创新。互联网与工业的结合却在改写工业生产方式、经济知识供给方式及技术创新的模式。

美国的互联网发展及其战略规划恰恰是这个判断的一个典型应用。美国互联网产业发展较早、市场规模也较大，但因为其线下商业体系发达，所以互联网商业发展并没有中国式的爆发增长态势。这从侧面证明，互联网商业在本质上仍是传统商业的有效补充。但工业互联网发展成为美国的国家战略，这是因为在工业领域，互联网并不仅仅是一种工具。基于互联网的工业并不是传统工业的补充，而是对传统工业的升级或替代。发达国家虽然服务业占比超过工业

占比，但这些国家均具有对工业技术的核心掌控能力，制造业发展对国家创新体系仍起到非常重要的作用。

二、"互联网＋"时代高校学生管理工作的发展趋势

（一）全面提高高校学生媒介素养

1.高校学生媒介素养教育存在的问题

"互联网＋"时代高校学生媒介素养存在的诸多问题，主要原因在于我国媒介素养教育的长期缺失。要想除此沉疴积弊，不仅要加强完善对新媒体的监督管理体系，更重要的是调动社会、学校、媒体与家庭四方面的联动作用，构建"四位一体"的媒介素养教育体系。

此外，我国媒介资源有限而人口数量庞大的现状也使媒介素养教育的推行缺乏硬件支持，难以形成一定的规模和体系。同时，媒介素养教育缺少政府部门政策制度的支持，也缺少推行媒介素养教育的专门机构，这也是社会各界对媒介素养教育的紧迫性和重要性无法形成正确认识的根本原因所在。

2.提升高校学生媒介素养的有效途径

（1）学校方面

①营造媒介教育氛围，进行媒介素养宣传。大学校园应充分利用自身传播知识和文化的优势，加大对媒介素养宣传力度。校园广播、电视台、报纸、期刊、社团等都是校园媒介素养宣传的舆论阵地，它们作为在校学生的精神环境，对大学生有着不可替代的潜移默化的影响。因此，加强校园媒介素养宣传，就要形成全方位的校园舆论环境，利用各种媒介形式和手段，营造良好的媒介教育氛围。

②开设媒介素养教育课程，建设高素质媒介素养教育队伍。媒介素养是一个新的课题。大学生对媒介素养这一名词既熟悉又陌生，对于媒介素养教育学科的含义也缺乏较为理性的认识。在大学教育中导入媒介素养教育课程是解决大学生媒介素养问题最有效、最科学的方法之一。

③充分利用大学校园资源，增加媒介认知。调查显示，很大一部分大学生较少参与媒介信息的制作与发布，这无疑给媒介工作蒙上了一层神秘的面纱。校报、校园广播电台、电视台、校园微博等都是大学生可以接触并参与其中的媒介资源。高校应充分鼓励大学生利用校园媒介资源，如建立校园校报编辑室，让学生亲自去采集、编辑、制作和发布信息；开设校园微博，建立校园微博管理委员会，让学生参与微博的创造、传播和管理的一系列过程。

（2）媒介方面

①媒介发挥"把关人"的作用，提高自身的公信力。媒介在信息生产和信息传播方面应扮演好"把关人"的角色。面对大千世界中纷繁复杂的各种信息，媒介往往掌握着这些信息能否发布和传播的选择大权。媒介理应帮助大学生认识社会、积累知识，使每一位大学生在媒介所传递的正确价值导向中耳濡目染地逐步得到提高。因此，新闻工作者就应努力提高理论水平，努力提升自身的文采编写基本素质，同时要坚持正确的舆论导向，以正确的舆论引导大学生，使那些辨识能力低的大学生认清真实的信息。最后，媒介从业人员必须具有职业道德，对自己的职业行为所产生的社会作用和社会意义承担相应的责任。

②媒体和大学校园合作，为大学生提供实践平台。媒介素养教育与媒介实践是双向互动的，大众媒介应与大学校园"联姻"，为大学生提供更多的实践机会。例如，传媒与校园联合发起一次"DV 校园新闻制作"大赛，媒介专业人士走进大学为学生提供专业指导，大学生从拍摄到加工再到制作全程亲自参与，最后评选出优秀的作品在媒体平台播出，使学生在获得成就感的同时能收获到相应的媒介知识。网页制作大赛、校园新闻制作大赛等无疑都可以成为媒介与校园合作的形式。与此同时，学校还可以定期邀请知名主持人、经验丰富的编辑人员、记者等走进高校，与学生进行面对面的交流互动，增加大学生对媒介的感性认识，消除大学生对媒介的陌生感。只有这样，大学生才不会被媒介的形式和内容"牵着鼻子走"，成为媒介的理智消费者而不是单纯地鉴赏、浏览传媒发布的信息或是仅仅热衷于新传媒所带来的新感觉。

（二）搭建系统高效网络平台

1.打造特色网络品牌

校园网络平台关键性的动态指标在于内容、准确度及更新速度等方面。目前的高校学生大多是随着网络一起成长起来的，若想利用网络吸引他们的视线，需要具有特别的形式、丰富的内容、急速的更新。因此，高校校园网络平台应该改变原有的形式呆板、内容简单、功能单一、更新迟滞等不足，更好地解决吸引力不足、利用率低等问题。应完善校园网络平台的功能，提高用户参与程度，加快、加深与校园文化的融合，更好地促进高校的发展。

针对上述情况，高校在打造特色网络品牌时应更好地利用社会上较成熟的、影响力较大的媒介。

2.营造和谐校园网络文化

高校校园文化因网络的介入而更加丰富、鲜活，同时对高校思想政治及德育工作提出了新的挑战。打造内容丰富、功能完善、具有开放性的校园网络平台，可以引导学生健康上网，传播校园主流文化，展现高校的品牌特色。

构建好校园网络平台，营造健康和谐的校园网络文化，共筑品牌校园文化，这既是对网络所带来挑战的有力应对，更能为全校师生提供更加有活力的成长空间。

（三）实现教育管理服务一体化发展

1.各高校之间多元化竞争明显

从传统的高校竞争方向与排序看，作为实施"985工程"和"211工程"的高水平大学为争创世界一流大学在努力拼搏；作为教学研究型的地方高校为进入国内高水平一流大学的竞争更是空前激烈；其他大学也是加劲发展，提高自己的水平和增强实力，竞争同样激烈。各大高校即使不断努力，差距也很难在短时间内缩短，尤其是沿袭别人的老路，以原有的思维模式、价值尺度和质量标准去发展，更不可能有所作为。因此，高校不能采用单一路径奋起直追，而要用更加开阔的视野、更有效的办法，集中更多样的资源，走多样化、跨越式发展之路，才能既夯实基础、扎扎实实做好基本功课，又大胆、前卫改革，建立起新的视域、新的路径，充分运用好灵活激励的机制，发掘组织内部多样化的资源，走超常规发展之路。

2.教学管理与学生管理一体化

高校学生管理工作要大胆改革，积极创新，就要从调整机构设置、优化人员配置、完善分工协调入手。一是撤销学生处，将学生处的部分管理职能划归教务处，教务处设置教学运行管理、学生管理、教学基本建设管理和实验实践教学管理四个职能机构；二是继续强化二级学院管理职能的重心下移，分管教学的学院领导要协调学生工作，使教学与学生工作有效融合，加强、完善和优化学院办公室职能和人员配置，学院办公室统一负责教学、科研、学工、党务、行政人事工作的日常管理，从而为教学管理和学生管理一体化提供组织保证。

3.完善和创新一体化管理制度

在现有的教学管理和学生管理各项制度的基础上，根据一体化管理目标要求，优化学校学工部、学生社区、校团委与各学院协调功能，优化各学院教学与学生管理职能，探索建立一个运行有效的教学和学生管理一体化管理模式、管理制度，使学生教育管理"到边到底到位"。比如，可以试行教学与学生管理联席工作例会制度、任课教师和辅导员交流协作制度、教风与学风建设联动制度等，并计划由教务处牵头，社区、校团委、学生学业信息咨询中心、各学院共同参与，完成教学与学生管理一体化的基本框架建设，从而为一体化管理提供制度保障。

4.加强一体化管理的信息建设

教学管理和学生管理统一的信息系统的建成可以实现信息的集中管理、分散操作、信息共享，使传统的管理向数字化、无纸化、智能化、综合化及多元化的方向发展。因此，高校要进一步完善教学管理和学生管理信息系统的建设，以实现教学与学生信息资源共享及信息互动，促进管理的规范化，增强学校和学院两级教学与学生一体化管理协作，使其更好地为学校的育人服务。当然，教学与学生管理信息系统涉及面广、功能性强，它的应用在为学校教学与学生一体化管理工作带来高效、便捷的同时，也将对今后的教学与学生一体化管理工作提出全方位的、更高的要求。

三、"互联网＋"时代高校学生管理工作的创新

（一）增强学生网络法治意识，加强网络文明建设

当前，我国关于网络的相关法律法规并不完善，高校对大学生网络法治意识与网络文明的宣传教育力度不足，加上对大学生的网络行为缺乏正确、有效的引导，导致大学生网络法治意识与网络文明意识普遍不强，从而造成大学生网络行为规范缺失。高校作为大学生网络法制与文明建设的主要场所，并未有效占领网络法制文明系统建设的前沿阵地，未能形成良好的校园网络文化氛围。针对这一现象，首先，国家要根据网络发展的新情况和新问题，及时制定和出台一系列适应网络环境快速发展的新法律法规，不断提高打击网络犯罪与网络不文明行为的能力。高校学生管理人员要加大对学生开展网络普法教育、网络安全教育和文明上网教育的力度，积极引导学生以遵纪守法为荣，对有关网络法律问题进行主动思考，如利用社会上的一些典型案例教育学生触犯网络法律应承担法律责任，以示警醒；同时，可在学校相关网站或 BBS 社区上开辟寓教于乐的法制教育网页，设立在线互动答疑等栏目，发动学生积极参与；对网络违法现象与不文明行为进行深入探讨，在潜移默化中提升大学生的网络法治意识与网络文明意识。其次，必须坚持他律与自律有机结合，倡导在学生群体中形成互相监督、合法文明使用网络的氛围。杜绝学生对网络违法与不文明行为的包庇与谅解，使学生分散的网络文明行为凝聚成有组织的共建网络文明的行动。在这一过程中，应充分发挥学生党员的模范带头作用，培养一支政治立场坚定、作风正派、网络技术过硬的学生党员队伍，充当网络文明使者，利用他们来自学生当中、便于与学生沟通、易于被学生接受认可的优势，引导

好大学生的主流价值观，使他们肩负起宣传网络法律法规、倡导网络文明的重任。

（二）强化网络思想政治教育，加强学生教育疏导

网络具有开放性，完全打破了原有国家、社会之间的限制，将世界各国都紧密联系起来，不同意识形态之间的思想碰撞和文化冲突达到前所未有的程度。一些别有用心的西方国家借此机会通过网络平台对我国进行意识形态的渗透，大肆宣扬西方的文化理念、政治制度等，散布影响社会稳定的言论和信息，以此来削弱我们对马列主义等主流思潮的信仰，淡化我们的民族意识。部分思想和"三观"尚未成熟的大学生在如此强烈的多元文化碰撞下逐渐迷失了自我，对原有的主流理想信念产生怀疑，造成政治观念的淡漠、价值观念的偏离，出现极端个人主义、拜金主义等问题。

高校学生管理人员必须抢占网络高地，通过网络平台创建"红色网站"，在校园网上建立理论专区，构建思想政治教育阵地。一方面，高校学生管理人员应高度重视大学生网络民意的表现，掌握大学生的思想动态，对于大学生关注的热点、难点问题在网上给予及时的回应，做好疏导工作。我们应该想办法深入学生喜欢参与交流和讨论的网上社区、网站和聊天室等，积极与学生互动交流，及时了解大学生的网络情绪。特别是针对一些学生关注的重大政治、意识形态等敏感问题，要及时在网上进行旗帜鲜明的正面引导，在引导过程中要注意坚持柔和的交流态度，言之有理，言辞恳切，力求把一些尖锐的矛盾化解在萌芽状态。同时，要尽可能团结好网络中的骨干活跃人员。在网上敏感话题的争论中，网络上的骨干活跃人员的行为对普通网民有巨大的影响力。要积极发挥他们的正面影响力，教育和带动更多的网友理性、成熟地思考问题。另一方面，要建立网络舆论突发事件应急机制。突发事件发生后，通过网络广泛、覆盖面大的信息平台将真实情况直接发送给每一位学生，提高组织传播的效率，减少信息在多层传输过程中的人为减损，防止学生被不实信息误导煽动而引发更大的混乱。

（三）充分利用网络资源，拓展学生管理服务空间

在现阶段的实践中，网络技术与资源在高校学生管理工作中的应用还处于初始阶段，很多都是停留在"面子工程"的形式上，没有落到实处。要切实在网络上开展学生管理工作，必须坚持管理与服务相结合的原则。一方面，要加大校园网络的信息量，在校园网络平台上，除了能查询到学校的各种方针政策、规章制度和通知等常规信息外，还应包含各种大学生常用的学术、生活社交网络资源，努力把校园网络建设成一个便于大学生学习、生活的综合性平

台。另一方面，拓展针对学生的网上服务空间，如开展网上心理咨询、网上就业信息咨询、勤工俭学信息咨询、网上社团活动等，努力利用网络的优势来消除某些管理工作或服务在现实操作中的局限性，开创高校学生工作的新局面。例如，大部分心理有问题的学生都不太善于交流和沟通，而网络可以为了解学生心理动态和进行心理咨询提供一个全新的平台。通过网上心理咨询服务，可以消除面对面的尴尬，避免现实交流带来的障碍，可以慢慢地了解问题学生的心理，使其敞开心扉地宣泄内心的情绪，教育管理者可以对症下药，准确地引导学生的行为。

（四）树立网络时代意识，增强学生管理网络技能

高校学生管理面临的环境发生了变化，网络信息技术的快速发展向传统的高校学生管理理念与方式提出了新的要求，这是新时期高校学生管理工作必须正视的现实环境。学生管理人员要想有足够的能力应付在新的教育管理环境中出现的新问题，必须提升自身的信息素质，提高现代网络技术应用能力，充分利用网络资源优势，拓展高校学生管理工作的空间，增强学生管理工作的针对性和实效性。

高校学生管理者要抢占网络高地，建立属于自己的网络构架，注意网络社团、BBS 社区、微博、QQ 等网络媒介在工作中的运用，努力实现班级管理网络化，提高工作效率，使大学生表达的意见更有机会直接接近管理中心，从而改变以往信息不畅，具体管理工作、措施与现实脱节的被动局面，增强学生管理工作的针对性和科学性。

此外，基于传统的教育理念，学生对老师都既敬又畏，在老师面前难以敞开心扉，真实地表达自己的所思所想。而网络隐秘性与虚拟性的特征使网络交流少了现实中面对面交流的尴尬和顾忌，现在大部分学生都热衷于通过网络平台表达自我，很多时候都会把自身的心情、心态或者对事件的观点及时通过网络来表达。这样的情况导致管理者对学生的思想难掌握，对问题难发现，久而久之师生关系也由此而渐行渐远。多关注学生在网络上发表的信息，可以及时掌握学生的思想动态，从而对症下药，将一些不良的思想遏制于萌芽状态。相对于以往传统、低效的育人管理环境，当前高校学生管理工作成败的关键在于管理人员是否能够在第一时间准确地获取高质量的信息，只有在知己知彼的情况下才能做出正确有效的决策。

（五）注重网上管理与网下管理相结合

无论信息技术发展如何迅猛，网络技术与高校学生管理工作结合得如何紧密，高校学生管理人员必须明确，学生管理工作不是在做"虚拟世界"的工

作，而是在做"虚拟世界"背后的学生主体的工作。利用网络平台开展高校学生管理工作要做到网上管理和网下管理相结合，做到以情感人，以理服人。同时，加强校园现实的软件和硬件建设，增强现实空间对学生的吸引力。很多大学生沉迷于网络的虚拟空间，也是由于在现实世界中，他们的很多想法和诉求都得不到满足，只能在虚拟世界里寻求慰藉。为改变这一局面，学校要多开展受学生欢迎、易于被学生接受的校园文体活动，尽可能使所有学生的心理诉求在现实中得到满足，让他们有平台与机会能各尽其能，从而增强现实校园对学生的吸引力，增强学生的幸福体验。

综上所述，随着信息时代的到来，在人们生活或学习的各个领域中都能看到互联网的影子。互联网用其多种功能不断地丰富着人们的生活和阅历，将各种思想和信息有效地传播。因此，互联网在学生思想教育和管理工作中发挥着重要的作用。现阶段，很多学校鉴于学生不断增长的网络需求及互联网极强的功能，逐渐建立起网络平台。网络平台在学生思想教育和管理工作中发挥了不可代替的作用，工作效率也逐渐得到提升。

第二节　大数据时代高校学生管理工作创新研究

大数据作为信息技术的发展趋势，在当前社会中起到了重要作用。对于高校学生管理来说，大数据的作用显而易见。我国高校学生管理工作在未来几年要引入大数据，利用大数据对学生进行有针对性的管理，提高高校学生管理工作的实效性。

一、大数据的概念及其在高校学生管理中的应用

大数据是当前信息科技发展的一个热点，对于我国社会建设来说将会发挥巨大的作用。从本质上看，大数据是信息的挖掘，目标是要发现大量信息背后隐藏的规律，将其应用于社会各项事业中，推动社会发展。

（一）大数据的定义

大数据是由最先经历信息爆炸的学科（如天文学和基因学等）创造出来的。如今，这个概念几乎已经应用到所有人类致力于发展的领域中。大数据经过多年的发展并没有一个确切的定义，只是指需要从大量的信息中经过处理提炼出一种规律，能够用来指导人们的生活与学习。大数据最早在一个开源项目中提出应用，目的是表示网络搜索引起的批量处理和分析数据。

在公开发布 Map Reduce 和 Google File System（GFS）之后，谷歌公司向外界明确大数据不仅是一个量的概念，还是一个效率的概念。在当前的通信分析领域，大数据是一项较为前沿的技术，其概念包含数据仓库、数据分析、数据安全、数据挖掘等。大数据的商业价值已经成为信息行业竞争的焦点。大数据包括各类互联网信息，人们的各项互联网活动都可以成为大数据分析的对象。

利用新的处理模式，大数据技术具有更强的决策力和洞察力，实现流程的优化和数据的匹配处理。总之，大数据技术是通过对海量数据进行统计分析处理，从中获取人们行为活动规律的各类信息。大数据技术的价值在于快速处理各类数据，因为只有快速才能产生实际效用。

随着网络设备的快速发展，大数据技术能够实现多个企业跨行业融合，创造出难以想象的经济价值，实现最大的社会效益。利用大数据各行各业都可以实现自身业务的较大程度增值和效益，表现出前所未有的社会能力。因此，大数据可以定义为在合理时间内采集大规模数据，经过处理以后帮助大量使用者采取更有效的决策的数据分析处理过程。

今天的大数据技术已经成为人们创造价值的一个新工具。大数据已经成为人们获得新知识、创造新价值的一个重要源泉。

（二）大数据在高校学生管理中的应用

高校学生管理工作的主要任务是整合各类学习资源，提高学生的学习能力和学习效率，促进学生综合素质提高，帮助学生排除学习、生活及成长历程中遇到的烦恼和心理障碍，提高学生心理健康水平，使学生适应并度过美好的大学生活。在教育管理过程中，高校出于自身管理方便和成本的节约而忽视学生正当权益的事情时有发生；部分教职员工的服务意识淡薄，服务能力和水平较低，把较多的精力和时间投入科研中，对学生缺乏应有的关爱和引导；由于学生教育管理工作面广量大，与学生利益相关的管理部门众多，因而在解决学生实际问题过程中，出于部门利益的考虑，部门之间经常相互推诿，管理效率低下。因此，高校应积极构建和完善大学生成长成才的服务机制，完善与学生利益相关的政策规章的制定和实施程序，明确和提高教育管理组织的服务职能，培养和提高广大教职员工的服务意识，帮助解决学生在个体发展阶段必然或者可能面临的实际困难，为学生的成长成才创造条件和平台。

"不得不承认，对于学生，我们知道得太少"，这是卡耐基·梅隆大学教育学院的一句经典口号。这种对学生认识的匮乏在高新技术飞速发展的情况下有了改善的契机。如何在高校学生管理工作中利用这一技术，形成高校用数据做教育决策的意识，成为当前的研究重点。建立一站式数据资源服务平台在高校学生管理工作中起着关键作用。

　　大数据时代下，数据资源是海量的。理论上，一个学校可以收集学生所有的数据资源，如学生个人信息、特长爱好、性格特征，甚至包括社交、日志信息等各种网络资源。高校可以充分利用机构优势，有组织地通过对各类数据源的定位和连接，实现数据的采集、传输和汇聚。由于数据资源具有体量巨大、类型繁多、生成快速、混乱无规则等特点，而且这些数据来源于不同的机构或部门，所以很有必要建立统一的数据标准，以实现资源之间的无缝连接，提供各种数据管理服务，如数据存储、数据加工、数据发布、数据共享等。在数据的洪流中，异构、分布和海量的各种数据资源得以汇聚及融合，形成中心资源库，通过预索引的方式，为用户提供快速、简单、易用的资源及服务。建立一站式数据资源服务平台，在促进大学生心理健康、助力学生多元化评价、关怀大学生生活及指导大学生个性化就业等方面发挥重要作用，提高高校学生管理工作水平。

二、大数据时代高校学生管理工作的创新

（一）运用大数据促进大学生心理健康

　　大学生心理健康管理不应仅是补救性的，而应该向排除正常障碍，帮助学生实现最佳发展的发展性模式而努力。当代中国正处于社会转型期，经济体制、政治体制、文化体制等的变革必然带来人们价值观念的变革与冲突，并深刻地影响着人们的社会生活。大学生在这样的时代中理性面对人生的挫折，并保持健康的心理状态，并非易事。学习压力、就业压力、感情变化、社会环境、家庭环境等诸多因素都容易导致大学生心态失衡、萎靡不振等心理问题。包括高校在内的社会各方，尤其是高校学生管理工作者，可以利用大数据的优势，实时监测大学生心理情感动态，通过一站式数据资源服务平台，构建健全的心理救助网络，为可能发生的紧急事件提供预案。及时对心理不健康者予以适当的干预和救助，减少由于心理矛盾或心理冲突引发的适应不良，预防和缓解心理问题，从而达到利用大数据促进大学生心理健康的目的。

（二）运用大数据助力多元化评价

　　在奖学金、优团优干和优秀毕业生等评优评选中，可以借助大数据技术对学生进行多元化评价。大数据时代的到来让所有社会科学领域能够借助前沿技术的发展，从面向宏观群体发展为面向微观个体，让跟踪、记录、处理与分析每一个人的数据成为可能，保障了对学生的多元化评价。通过对学生在校园中点滴微观行为的捕捉，学生的上课出勤情况、发言质量、作业完成情况、课堂互动情况、社团活动、课外竞赛参与情况等信息都可以转化为数据，帮助我们

了解学生的学习态度、探索精神、实践能力、人际关系、情感与意志等。

高校学生多元化评价研究是时代发展对高校教育提出的要求，是高校在新形势下获得持续发展的自身需要。多元化评价要求我们在学生评优评选中不再依靠有限的智力测验，而是进一步关注学生的内在，借此能够正确地引导和挖掘学生潜能，改进教学的形式和环节，培养学生的多种智能，使学生能够更好地适应现代社会发展对多元化人才的需求，从而提升高校办学能力与水平。

（三）运用大数据关照大学生生活

大数据技术让高校学生管理工作部门关怀贫困大学生生活更加及时、更加人性化。各高校应在构建科学合理的贫困生认定机制的基础上，全面收集贫困学生的信息，建立健全贫困生资助信息数据库，并对数据库中的各项信息不断更新完善，以便动态管理贫困生，实现按需资助。通过对学生就餐、日常消费等数据的实时监测及处理，可以帮助贫困生及时获得人性化的帮助。在不远的将来，高校利用大数据，借助一站式数据资源平台，深度整合学生相关信息，如饭卡消费、勤工俭学、社会兼职、学习成绩、奖助情况等各类信息，更准确地帮助需要资助的学生。

此外，大数据还能够让我们更加了解学生课外学习的轨迹。利用大数据技术，如采用移动终端，记录学生参与的社团活动、班级活动、学习活动等，通过后台数据库统计一个学校、一个区域的整体情况，获得有价值的数据报告，从而可以有针对性地帮助学校和家长给出建议和对策，指导学生成长。

（四）运用大数据指导学生个性化就业

利用大数据技术，收集学生成绩、兴趣、爱好、技能等相关信息，不仅可以为其匹配相应的职业岗位，提高大学生就业率，还能够提升大学生就业质量，实现高校毕业生更加完善和更高质量的就业。

个性化就业指导遵循以人为本的原则，针对学生的实际情况、多样化的个性特点，引导其了解自己的职业兴趣、职业发展方向，帮助其制定符合自身特点与期待的职业生涯规划，并提供就业咨询、政策咨询、技术咨询等多方面的服务，帮助学生了解就业前景、就业形势、就业方法与技巧，从而使学生顺利地、高质量地就业。创办于 2009 年的互联网公司 Intern Match 一方面为企业提供校园招聘品牌宣传，展示公司视频、企业文化、问答互动等；另一方面收集和积累学生的信息，包括成绩、兴趣、能力、经历等，为其提供合适的岗位。依托大数据技术，随着一站式数据资源平台的建立，高校与企业的服务将进一步完善，大学生可以快捷、公平地享受个性化的就业服务，未来具有很好的发展前景。

三、大数据应用在学生管理中的问题及解决策略

（一）大数据应用在学生管理中的问题

与不少发达国家已把大数据的开发应用提高到国家战略高度相比，我国的大数据管理还处于萌芽状态。当前，大数据应用在高校学生管理中面临的主要问题包括四个方面：

一是偏重经验、轻视数据的思维惯性使我们在数据收集、使用和管理上不太灵敏。

二是大数据人才缺乏，既精通大数据技术，又熟悉高校学生管理工作相关事务与流程的专家稀缺。

三是高校在大数据技术研发及科研成果的推广上没有充分发挥自身作用。

四是敏感信息的保护工作尚未得到高校相关部门的普遍关注。在数据量庞大、种类繁多、信息多样化的大数据时代背景下，高校教学服务和数据利用方式将发生显著变化，准确把握大数据时代特点，有效发挥大数据优势已成为当务之急。

（二）解决上述问题的策略

1.转变思维，重视大数据体系建设

对于任何机构来说，数据整合都是艰巨的工作。高校需要变革，才能将大数据中得出的观点转化为在同类院校中的竞争优势。在这种情况下，高校相关部门的决策者和领导者要有远见卓识，转变思维，从战略上重视大数据。建议加大对大数据的宣传力度，明确大数据的重点应用对象，加快面向大数据应用技术的研究，推动基于大数据应用的技术研发，培养大数据应用与管理的专业人才，建立并完善大数据保障体系。

2.培养人才，组建专业化管理队伍

可以预测，在未来几年，资深数据分析人才短缺问题将日益凸显，大数据正面临全球性的人才荒。大数据人才需要理解大数据技术，能够解读大数据分析的结论，深入了解高校各个部门之间的关联性，并且能够根据大数据得到的结论，制定出可具体执行、管控、评价的相关环节。这些新的挑战与需求，促使高校要系统性地培养大数据专门人才，组建专业化大数据应用与管理队伍。

3.校企合作，加快大数据技术研发

大数据对基于其生态圈中的企业提出了更多的合作要求。校企合作能够加强优势互补，实现互惠共赢。高校要积极创造条件，充分发挥人才、技术集中

的优势，与企业技术人员联合成立研发中心及科研生产联合体等，进行新产品开发、设计及科研成果的推广合作，推动基于大数据的应用技术研发，抢占发展基于大数据的应用技术的先机。通过校企合作，能够促使高校深化教育教学改革，提高人才培养质量，增强学生的就业竞争力，促进高校与合作企业共同发展。

4.保护隐私，加强对敏感数据的监管

大量数据的汇集增大了敏感数据暴露的可能性，对数据的无序使用也增加了敏感信息泄露的危险。高校中的大数据来源涵盖非常广阔的范围，如学生家庭情况、兴趣爱好、社交网络、学习情况、团体活动、行动轨迹等，大量数据的聚集不可避免地加大了学生隐私泄露的风险。一些敏感数据的所有权和使用权并没有明确的界定，很多基于大数据的分析都未考虑到其中涉及的学生的隐私问题。因此，高校要加强内部管理，规范大数据的使用方法和流程，加强对重点领域数据库的日常监管。

大数据技术的应用使高校可以对其数据资源采取完全数据筛选的方式来分析、挖掘隐藏在数据背后的规律，从而能够让我们更真实、更全面地了解学生，促进学生的发展。然而，由于当前人们对大数据的认识尚处于探索阶段，大数据在教育领域的研究才刚刚开始，而且大数据提供的只是参考答案，而非最终答案，所以要真正将大数据完美地应用于教育，造福于教育，仍然有很长的路要走。但是只要我们能够开放心态，锐意创新，实事求是，就一定能抓住历史机遇，更好地为打造中国经济升级版、全面建成小康社会提供强有力的人才支撑和智力支持。

第三节　"微时代"背景下学生管理工作创新研究

随着自媒体社交网络时代的到来，高校学生的学习、生活无时不受以微信、微博、微小说、微电影为传播载体的网络媒介的影响。微媒体的流行挑战着高校现有的日常管理、教学管理和思想政治教育，这必然要求高校要正视、重视、研究微博等微媒体。应对新形势，高校学生管理工作理应与时俱进、因势利导，出台新举措来适应"微时代"，管理思想上也要紧随潮流，以"被动防御不如主动出击""用点赞代替传统的表扬，用晒情况代替告知家长"等新的学生管理思想来带动学生管理工作向"微"方向转变。

一、"微时代"对高校学生管理工作的影响

"微时代"冲击着学生管理工作的方方面面，对团学、就业、公寓管理、心理健康等工作都产生了广泛的影响。

微媒体是团学工作的重要宣传阵地。自 2013 年起，共青团中央已在新浪网、腾讯网等四家网站同步开通微博，并同时在腾讯网推出微信公众号，截至撰稿时，共青团中央的新浪官方微博粉丝数已达到 1519 万多。庞大的粉丝数量实现了团中央信息与普通团员的零距离分享。按照团中央新媒体工作要求，各级团组织也纷纷建立了自己的微媒体平台，共青团员通过"微"平台可以及时了解党团信息。

微媒体平台是高校毕业生的重要就业信息源。高校毕业生了解就业信息的传统渠道主要是双选会或网站，如今自媒体社交网络的兴起对职业素质教育、就业信息发布和大学生创业都产生了深刻的影响。通过关注就业创业类微博或微信公众号，阅读、浏览职业素质方面的微话题和论述，大学生的职业生涯规划和择业观都直接或间接受到影响。

"微时代"改变着大学生的公寓生活。Android、IOS 等智能手机系统的发展使许多互联网内容都可以通过 App 手机客户端获取大众流量。大学生的公寓生活节奏也因为微媒体的便捷而产生了深刻变化，手机充值、超市购物、一日三餐、人际交流等都可以通过手机客户端来直接实现，大学生足不出"舍"就能正常进行课余的主要生活。大学生还可以通过手机上的微博、微信（朋友圈和公众号平台）和 QQ 等客户端了解班级、院系、学校及社会上发生的新鲜事。

对"微时代"的不适应会引发大学生的不良心理。部分大学生不能适应"微时代"，容易被微媒体带来的爆炸性、新鲜性信息迷惑，而对课堂知识渐渐失去了兴趣，甚至产生厌学心理。有的大学生沉溺于社交网络，导致作息时间不规律，直接影响身心健康，还容易因为公寓成员的作息不一致而引起公寓矛盾。

二、"微时代"背景下高校学生管理工作存在的不足

面对"微时代"的影响，高校越来越重视"微工具"的管理和使用，但是如何最大限度地发挥微媒体在学生管理工作中的正面作用，仍有很大空间值得去探索和实践。

学生管理层级需要进一步扁平化。微媒体的便捷性和及时性可以帮助高校

学生管理队伍扩大管理幅度，减少管理层次，扁平状的组织形式有利于促进老师和学生之间的交流和沟通。当前，高校学生管理层级需要进一步向扁平化方向发展。

"微"载体资源需要进一步挖掘。传统宣传手段已经不能满足学生管理工作需要。高校拥有丰富的大学生先进典型案例，高校可以将社会主义核心价值观融入这些先进案例中，用学生喜爱的网络语言将其呈现在微博、微信公众平台、微电影等"微"载体中。

"微"队伍建设需要进一步加强。高校的学生管理工作人员和主要学生干部需要系统性地学习微博、微信等"微"工具的使用，了解"微"语言。只有管理队伍具备"微"素质了，才有可能真正发挥微媒体的正面引导作用。

三、"微时代"背景下高校学生管理工作的创新

"微时代"给高校学生管理工作带来了挑战和机遇，创新学生管理工作机制势在必行。在"微时代"背景下，高校学生管理工作的创新主要可从以下几个方面着手。

（一）建立一个"微"体系

"微时代"的广泛影响使高校每个教育管理者和每个大学生都成为一个"自媒体"，每个"自媒体"不是孤立的，而是其社交网络的一部分。按照学生管理工作内容，在团学工作、心理健康工作等方面，可建立以下四级"微"网络体系：微博、微信"学生—班级团支部—二级学院团委—校团委""学生—班级心理委员—心理辅导员—校心理健康中心""学生—班长—就业辅导员—校就业中心""学生—班长—公寓辅导员—校公寓管理科"。这些"微"体系主要有以下三个方面的作用：

一是学校通过关注班级和学生微博、微信，可以了解和掌控学生动态。学生通过关注学校官方微博、微信，可以第一时间了解学校的各方面工作动态。

二是学生发生交通事故、兼职纠纷和公寓矛盾等突发事件时，往往都会"晒"在自媒体平台上。由于自媒体平台的瞬时性和互动性，学校可在第一时间获知突发事件情况，防止延误事件的处理。

三是当代大学生有相当部分时间花在自媒体中，师生面对面交流的情况随之锐减，取而代之的往往是微博"互粉"、微信交谈或QQ聊天。通过"微"体系，师生之间加强了工作关系，也增进了感情。

（二）壮大两支"微"团队

"微"体系影响力的发挥需要人来推动，高校学生管理工作的"微"影响

需要壮大以下两支"微"力量：教师队伍和学生干部队伍。教师队伍主要包括学校宣传部、学生处、团委工作人员和辅导员、班主任及授课教师。这些教师要维护好部门或个人的"自媒体"，传递正能量，引导大学生树立正确的人生观、价值观和世界观。学生干部队伍除了学生会、社团联合会等学生组织的学生干部之外，学生管理工作者还应组建一支政治强、作风硬、纪律严的网络宣传队伍，定期研判网络舆情，积极转发、传播学校官方信息，从而扩大网络思想政治教育覆盖面，加强在网络上的思想引导作用。

（三）丰富三种"微"素材

"微"体系的成功运作需要学生喜闻乐见的"微"素材。高校学生管理工作常用的"微"素材主要有微电影、微故事和微话题。把发生在校园内的富有正能量的学生典型故事拍摄成一部部具有感染力和教育意义的微电影，编辑为一个个短小而富有哲理的"微故事"，把体现社会主义核心价值观的学生案例，编辑成一个个"微话题"，通过"微"体系投放到学校官方微博、微信平台中，让学生在观看或阅读后产生思想上的共鸣，达到思想政治教育的目的。学生管理工作者要组建一个由学生干部组成的"微"团队，专门从事"微"素材的制作，以满足"微时代"的发展要求。

综上所述，"微时代"背景下，高校学生管理工作需要在实践中不断总结经验和不足，创新工作方法，切实把"自媒体"有利的一面融入日常工作中，增强工作实效，把"微工具"变为培养高素质技能型人才的有力助手。

第四节　教育大众化背景下学生管理工作创新研究

随着我国高等教育进入大众化发展阶段，高校学生管理工作正面临着巨大的机遇和挑战。高等教育的大众化使原有的学生管理工作难以适应新形势的需要，必须用新的思路加以改革与创新。

一、高等教育大众化的特点

（一）高等教育大众化是对传统精英教育的扬弃

传统精英教育主张高等教育是精英的特权，而精英是由先天决定的，或是由于天资突出，或是家庭的经济状况比较优越，或是家庭地位较高。传统的精英教育不仅主张接受高等教育是精英子弟的特权，还主张高等教育就是为培养精英而设的，是培养教会的牧师、文化巨匠、科学家和国家官员的教育。

1.传统高等教育面临的挑战

数百年来，高等教育的职能、结构、内容发生了许多变化，每次变化都与社会的政治、经济变化有关。但是，高等教育从来没有像今天这样受到各方面的挑战。一方面，高等教育面临着科学技术加速发展的挑战。20世纪以来，特别是第二次世界大战后的半个世纪，科学技术的发展是惊人的，而且科学技术转化为生产力的速度也是惊人的。科学技术惊人的发展速度要求高等教育内容要更新，而且要求培养目标、培养方式都要有根本的改变，才能培养出符合时代要求、跟上科技发展步伐的人才。但是高等教育的改革是十分迟缓的，当代高校的教学与50年前的状况没有实质性改变，很显然科学技术发展的速度与高等教育改革的迟缓形成了尖锐的矛盾。另一方面，高等教育面临着社会变革和文化冲突的挑战。科学技术在社会各领域的应用引起了社会的变革。科学技术的发展，在促进社会生产力提高的同时，也带来了资源浪费、环境污染、生态破坏等一系列社会问题。我国现在既处于经济社会发展的黄金机遇期，也处于各种矛盾的凸显期。我国高等教育面临着两种文化冲突的挑战。一种文化冲突是我国传统文化与现代文化的冲突。我国悠久的历史孕育了优秀的传统文化。但是传统文化毕竟是旧时代的产物，其中有精华，也有糟粕。精华的部分能够激发人们奋发图强，促进现代化建设，但糟粕的部分可能阻碍现代化进程。另一种文化冲突是中西文化的冲突。我国在引进西方科学技术的同时，也带来了一些西方的文化，有些是腐朽的，有些在西方是可行的，但不符合我国国情，我们要对其加以鉴别。

2.高等教育大众化成为必然趋势

高等教育离不开大众，只有在大众的参与下，高等教育才能变成人类认识世界、改造世界最有效的工具，才能成为人类普遍享受的福利，成为人类文化水平普遍上升的阶梯。高等教育从只适合少数精英的教育变成普遍的教育、为大众所共享的教育，人的个性得到展现，潜能得到发挥。

（二）多样化是高等教育大众化的必由之路

高等教育大众化是社会发展的必然趋势，而高等教育多样化是实现高等教育大众化的必经之路。

（1）社会需求多样化，社会上的行业千千万万，对各类人才的规格、层次、要求也是千千万万的，同一模式下的人才不可能满足社会多样化的需求。

（2）人的个性、智力需求、追求的目标及愿意付出的代价是不尽相同的，只有多样化的高等教育才能满足更多人不同的学习需求。

（3）国家的财力有限，只有多样化的高等教育、多渠道集资才能实现高等教育大众化。从国际上来看，高等教育大众化的过程与高等教育多样化的过程也是紧紧联系在一起的。美国学者马丁·特罗在论述高等教育发展阶段时提出，随着高等教育规模的扩大，高等教育必然发生质的变化。高等教育大众化对多数人来说是扩大了入学机会，而高等教育多样化是用尽可能多的方法提供适合人们需要的高等教育。

（三）个性张扬是高等教育大众化的最高形式

高等教育大众化的基本主旨是给个性平等发展的机会。与精英教育维护特殊利益的目的相对，大众高等教育价值观的核心是普遍性，但尊重个性，并把个性的充分实现作为高等教育体系的内在追求。在精英教育的时代，个性的价值一直处于被掩蔽的状态，受到物质条件的限制，受到纯知识的、国家利益至上的以及物质实效的价值掩蔽。

个性化的高等教育，是以学生的最大受益为目标，以适合学生发展为目标，以培养学生独立自主的人格和自我发展能力为目标。它打破了高等教育原有的统一格局，理顺学术、行政权力和市场的关系，鼓励学生进行自主选择，形成学生的个性特征，为学生的发展提供机会。显而易见，高等教育的真正转型就发生在价值观层面上，崇尚知识的实体价值。大学生的自主性得到充分发挥，高等教育更好地走向大众、走向个人、走向个性，高等教育的个性化、个性的张扬能够使个体潜能得到充分发挥。

二、高等教育大众化对学生管理工作的挑战

高等教育大众化并不仅仅意味着学生数量的增长，也相应带来教育观念的改变和教育方式的创新。

著名学者顾明远先生曾指出："传统的大学只是培养少数社会精英，现代大学主要培养大批服务于社会各部门的掌握科学技术和一定专业的人才。"我们必须把握市场脉搏，改变人才培养模式，力求以质取胜，不断增强学校的办学实力、发展潜力、招生吸引力、育人竞争力。在高等教育大众化的背景下，高校学生管理工作面临的问题和挑战主要表现在以下几点。

（一）挑战旧有的人才培养目标

大众化的高等教育在管理模式、招生要求、培养层次、学习年限、毕业资格等方面都不同于传统的精英教育。在高等教育大众化条件下有针对性地做好高校学生管理工作，必须明确人才培养的目标。应该认识到，高校之间存在巨大的差异，具体表现在办学类型、办学规模、办学层次、办学资源等多个方面。高校应根据不同的办学层次，在人才培养目标的定位上加强调查研究，按

照最优化的原则确定不同专业、不同层次、不同培养途径，形成风格各异的人才培养模式。高校学生管理工作必须根据培养目标有的放矢，在不同质量、规格人才的培养上选择教育管理重点，提高教育管理的有效性。

（二）挑战旧有的学生管理理念

长期以来，教育、管理和服务被认为是学生工作的主要职能，但学生工作的创新教育职能却往往未被重视。甚至有人把学生工作等同于行政管理工作，认为学生工作就是保一方平安，不出事就完成任务。学生管理工作者"不求有功，但求无过"，创新意识不足，定位不准，重视不够，难以发挥学生工作创新教育的功能。以教学代替教育的观念导致重教学工作、轻学生工作成为普遍现象。学生工作成效很难量化，导致对学生工作的育人功能未能充分认识，往往使人们认为学生工作是可有可无的，无专业可言。学生工作人员理念不新、紧缺、素质不高，难以承担学生工作的创新教育职能，只局限于一般性的教育和管理工作层面上，没有认识到自身担负着学生素质教育特别是创新教育的重任，尚未对创新教育引起足够的重视。

（三）挑战旧有的学生管理队伍素质

随着高校的扩招，许多高校辅导员数量离国家有关规定的比例配置尚有较大距离。学生管理者忙于日常工作，根本没有"充电"的机会，业务水平得不到提高，队伍素质得不到提升。由于日常事务繁多，不少学生工作人员陷入繁杂的事务中，一些人又不注重工作总结与创新，对一些沿用的工作方式、内容和范围很少思考和改进，缺乏创新意识和勇气，导致学生工作创新教育形式和载体不多，无法适应创新教育丰富多彩的个性化要求。更严重的是，学生管理工作人员数量不足导致对教育对象的漠视，难以了解学生的思想动态，无法有针对性地开展工作。由于高校的大幅度扩招，高校的门槛降低了，就生源质量而言，学生个体在知识掌握和能力发展上的客观差异日益凸显。从生源来源看，统招生、单招生、成教生、民办生并存，呈现出多层次、复杂化格局。

此外，从专科生到研究生不同培养层次以及普通高教与高职教育不同的教育类型客观上都要求对学生的教育管理采取不同措施，因势利导，因材施教，从而增强工作的针对性和有效性。同时，在学生思想体系形成中，多元价值观和多元文化的碰撞、冲突又往往使成长中的学生思想认知和行为判断产生迷茫。少量媒体对各种思想的片面渲染和误导、少数家庭的缺陷、地区差异带来的教育发展的不平衡以及高考制度改革使大学生群体的社会构成渐趋复杂，素质状况呈现多层次性，凡此种种，都需要高校学生管理者去了解。

（四）挑战旧有的学生管理工作模式

传统的学生教育管理的规章制度繁杂，在投入大量的人力、物力和财力的同时，忽视了学生参与管理的积极性，降低了学生自我管理的主动性，使学生难以实现由衷的思想转变和形成良好的自我约束机制。更值得注意的是，这样的管理方式还在一定程度上束缚了大学生的个性，抑制了学生的思维发展。应该说，高校学生工作在长期的实践中积累了许多丰富的经验，并形成了许多行之有效的途径和方法，如思想教育实施方法中注重理论教育、情感感化、正面灌输、典型示范等。这些传统教育模式主要依靠行政指令性手段，易于操作，有较高的工作效率，在思想政治教育过程中，仍具有一定的有效性。

随着高等教育的大众化，原有的办学理念、工作方法亦随之发生了变化，而原有的思想教育方法则易给人以严厉教化、刻板生硬的感觉和印象。其部分内容亦存在着与社会发展要求、学生思想实际脱节的矛盾，无法满足培养多样化、个性化人才的需要，不能适应学分制的教育管理改革，容易导致理论说教和行为虚化。目前，一般院校逐步推行选课制、学分制、弹性学制，学生对学习时间安排、学习方式甚至学习课程、授课内容等都有一定的自主性和选择性。同时，伴随着高校后勤社会化改革的进一步深入，学生的思想、学习、生活等方面出现了众多的新情况、新问题，学生管理工作模式应体现更加灵活和务实的特点。

三、教育大众化背景下高校学生管理工作的创新

（一）实现学生管理的专业化

实现学生管理的专业化是创新学生管理工作的重要途径。随着在校大学生数量的逐步增多，高校学生管理工作也在不断改革和完善，正逐步走向专业化。

美国高等教育中的学生事务工作理论、职能相对完善，其理论基础一直坚持走专业化发展道路。从理论发展沿革来看，美国高校学生事务工作最早的理论基础是英国传统的"替代父母制"。进入 20 世纪后，这一理论失去了其指导地位，取而代之的是"学生人事服务"。20 世纪 60 年代末 70 年代初，"学生发展理论"应运而生。学生发展理论不仅讨论一般的心理发展问题，还讨论认知和智力的发展、情感和态度的发展、伦理和道德的发展及具体行为的发展，如职业选择、饮食习惯等问题。埃里克森、皮亚杰、柯尔伯格等人都对学生发展的过程、特征等有过系统的研究，这些研究成果不论是对指导学生事务

工作，还是对确定学生事务管理与学术教学的关系，进而确立学生事务管理的地位，都有十分重要的意义。20 世纪 80 年代以来，美国高校学生发展理论还出现专业化发展的趋势。后来，咨询和人格理论、人类生态学或环境理论及组织与管理理论在学生事务管理实践中也得到应用。

美国高校学生事务管理正因为拥有良好的管理理论基础，从"替代父母制"到"学生人事服务"，再到"学生发展理论"，以比较切合实际的发展理论来指导学生管理工作实践，才取得较大的成功。而目前我国高校从事学生管理工作的人员大多是非专业人员，很少有人经过专业的、系统的学习和训练，管理学、心理学和教育学等方面的理论相对缺乏，有关学生工作的研究也是多经验、少理论，重思辨、轻实证，缺乏专业化的理论体系。要切实提高学生管理工作的科学性和有效性，就必须发展专业化的学生管理理论。这就要求做到以下几点：

（1）坚持多学科理论创新。要全面整合心理学、管理学、教育学、成才学等相关大学生心理发展、人格健全、职业取向、组织管理等理论，逐渐探索出适合我国学生管理实践的学生发展理论，并在实践中不断完善理论。

（2）坚持理论联系实践。学生管理工作者既要关注理论前沿，加强个人理论学习，又要运用理论指导实践，将理论与实践有机结合起来。

（3）坚持融合与发展原则。吸收一些教育学、管理学专业毕业的人员到学生工作队伍中来，并鼓励在职工作者继续深造，进行系统的学习，提高学生管理队伍的整体素质。

（二）高校学生综合管理工作的信息化

目前，高校大多建立了办公网站，教务部门也都有专门的管理系统，利用计算机网络来管理日常教学工作。高校学生管理工作也应当建立网上综合管理系统，把学生学籍信息、学习成绩、奖惩信息、在校表现鉴定、党团组织关系等内容纳入一个系统中，进行统一管理。在信息化时代，高校需要建立一个实用的管理系统来统计和分析各种数据，规范和强化学生管理，这将会大大提升高校的管理水平，充分利用资源，尽可能地降低成本，实现效益最大化。

（三）建立学生职业化培训机制

2016 年 5 月，教育部印发的《教育部办公厅关于进一步做好高校毕业生就业创业工作的通知》（教学厅〔2016〕5 号）指出，要把深化创新创业教育改革作为推进高等教育综合改革的突破口，融入人才培养体系，健全课程体系，促进专业教育、实习实践等与创新创业教育有机融合。2007 年 11 月，教育部、人事部和劳动保障部联合发布的《关于积极做好 2008 年普通高校毕业生就业工作的通知》指出："就业是民生之本，做好高校毕业生就业工作，是'加快推进以改善民生为重点的社会建设'的具体体现，是构建社会主义和谐社会的重要内容，是建设人力资源强国和建设创新型国家的必然要求。"

目前，如何提高高校毕业生就业率已经成为高校特别是高校学生管理工作的首要问题。近年来，我国大学生就业工作任务更为艰巨，就业形势不容乐观。对高校而言，就业率的高低直接关系到学校的招生和未来发展，影响学校的声誉。

1. 开设职业生涯规划课程

职业生涯规划是大学生人生发展的重要指导，其目的就是要帮助大学生正确认识自我，了解社会，确定个人的职业目标，制订符合自身特点的职业生涯计划，并通过实践、评估和修正，使职业生涯设计和企业发展目标、企业职位相匹配，从根本上提高就业竞争力和职业发展能力。符合学生自身特色的职业生涯规划将引导学生有计划地学习专业知识，有选择地学习其他学科知识，间接培养学生创新创业能力，增强学生对就业的信心，提高学生的就业能力。高校应当对每一名学生的性格和特长进行客观分析，帮助学生认识自己的优点和不足，为学生提供职业方向的信息和建议，指导学生选择正确的学习和职业生涯方向。

2. 开展专业化就业指导培训

《关于积极做好 2008 年普通高校毕业生就业的工作通知》指出："高校要按照'全程化、全员化、信息化、专业化'的要求，进一步提升就业指导和服务水平。将就业指导课程切实纳入高校教学计划，鼓励和提倡所有高校从 2008 年起开设就业指导必修课或必选课，并依据各校自身具体情况制订教学计划。各高校要定期开展就业指导教师培训，开展高校就业指导人员资格认证工作，努力建设一支相对稳定、高素质、专业化、职业化的就业指导工作队伍。"高校应开设职业生涯规划课、就业指导课程，开展面试技巧指导，开展心理测试，举办模拟面试，对大学生进行多层次的职业规划教育，开展有针对性的教学，使全体学生能在毕业前接受系统、专业的就业教育，使大学生进校就有明确的奋斗目标，有计划地完成学业，既有扎实的理论功底，又有从业的思想准备和实践技能，以充分的准备来应对日趋激烈的就业竞争与挑战。

在就业指导方面，一是要运用现代信息技术提升就业服务质量。充分利用计算机网络实现毕业生就业管理与服务的自动化，建立就业信息库，提高信息的准确度和规范性。发挥好毕业生与用人单位之间的纽带作用，创新面试形式，如采用网上面试等形式，增加就业机会。二是提供个性化的就业指导。面对就业，很多毕业生只考虑"想从事什么职业""工资多少"，却很少用"我能干什么"的眼光来审视自己。个性化的就业指导可以帮助大学生对自己进行客观评估和正确定位，通过职业能力、职业倾向、职业适应性测试，帮助学生树立正确的择业观，发挥优势，掌握择业技巧。面临就业选择的毕业生由于社会阅历浅，在面试过程中往往比较拘谨，甚至手足失措，从而错失良机。适当地对毕业生进行就业技巧指导，帮助毕业生掌握准备资料、推销自己、文明礼貌、语言交流的方法，以提高其就业能力。

当然，大学生就业是国家、社会和学校各个方面通力合作的系统工程，不能仅靠毕业生个人、家庭来解决，高校要从学校教育角度对大学生进行就业指导，提高毕业生就业择业能力，配合国家、社会做好大学毕业生就业工作。

参考文献

[1] 王文婷．高校学生事务管理理论与实践探究 [M]．北京：中国纺织出版社，2018.

[2] 童文．高校学生事务管理工作典型案例评析 [M]．武汉：华中科技大学出版社，2017.

[3] 陈强，王恩林，于书成．国际学生教育管理实务（来华留学篇）[M]．天津：天津大学出版社，2015.

[4] 谭秀森，等．高校学生教育管理法律问题研究 [M]．北京：人民出版社，2015.

[5] 中山大学学生处．高校学生事务管理小言 [M]．广州：中山大学出版社，2015.

[6] 张立刚．高校学生事务管理中的法律问题相关案例研究 [M]．济南：山东大学出版社，2015.

[7] 林彬．中美学生事务管理的比较 [M]．北京：知识产权出版社，2014.

[8] 方巍．学生事务管理的流派与模式 [M]．杭州：浙江大学出版社，2014.

[9] 王林清，马彦周，张建和．高校学生事务管理规范与服务标准 [M]．北京：中国文史出版社，2014.

[10] 广东省高等学校思想政治教育研究会学生工作专业委员会．岭南高校学生事务管理精品项目 [M]．广州：中山大学出版社，2015.

[11] 王艳芳．多元视阈下的高校学生事务管理 [M]．广州：中山大学出版社，2013.

[12] 吴惠．顺理举易——高校学生事务管理理论与实务 [M]．北京：中央编译出版社，2012.

[13] 王昆来．民办高校学生事务管理研究 [M]．成都：西南财经大学出版社，2012.

[14] 漆小萍．中国高校学生事务管理 [M]．广州：中山大学出版社，2011.

[15] 郑航．班级管理与学生指导 [M]．北京：北京师范大学出版社，2011.

[16] 盖晓芬．现代高等职业院校学生管理模式 [M]．杭州：浙江大学出版社，2010.

[17] 张晓京 . 美国高校学生事务管理 [M]. 北京 : 中国传媒大学出版社，2010.

[18] 冯培 . 中国高校学生事务管理模式创新 [M]. 北京 : 中国人民大学出版社，
2009.

[19] 段长远，赵国峰 . 高校学生事务管理工作研究 [M]. 银川 : 宁夏人民出版社，
2008.

[20] 储祖旺 . 高校学生事务管理教程 [M]. 北京 : 科学出版社，2008.

[21] 尹晓敏 . 高校学生管理法制化研究 [M]. 杭州 : 浙江大学出版社，2008.

[22] 冯刚，赵锋 . 走进英国高校学生事务管理 [M]. 北京 : 中国人民大学出版社，
2008.

[23] 李文利 . 从稀缺走向充足——高等教育的需求与供给研究 [M]. 北京 : 教育
科学出版社，2008.

[24] 蒋国勇 . 大学生自主管理研究 [M]. 北京 : 华龄出版社，2007.

[25] 张书明 . 社会工作视野下的大学生事务管理 [M]. 济南 : 山东大学出版社，
2007.

[26] 陈立民 . 高校辅导员理论与实务 [M]. 北京 : 中国言实出版社，2006.

[27] 吴伦敦 . 教师专业发展导论 [M]. 武汉 : 华中师范大学出版社，2007.

[28] 吴庆 . 公平述求与贫困治理——中国城市贫困大学生群体现状与社会救助
政策 [M]. 北京 : 社会科学文献出版社，2005.

[29] 姜尔岚，吴成国 . 新编大学生就业实用指导 [M]. 成都 : 电子科技大学出版社，
2004.

[30] 罗开元 . 大学生就业简论 [M]. 北京 : 中国人民公安大学出版社，2003.

[31] 杨加陆，方青云 . 管理创新 [M]. 上海 : 复旦大学出版社，2003.

[32] 吴穹，许开立 . 安全管理学 [M]. 北京 : 煤炭工业出版社，2002.

后　记

不知不觉，本书的撰写工作已经接近尾声，颇有不舍之情。本书是笔者在研究各类高校学生管理模式后投入大量时间和精力的作品。想到本书的出版能够为高校学生管理工作提供一定的帮助，为高校学生管理模式的创新做出积极贡献，笔者颇感欣慰。同时，本书创作过程中得到社会各界的广泛支持，在此表示衷心的感谢！

在本书撰写与研究的过程中，笔者首先通过认真的论证，确定了该论题的基本概况，并设计出研究框架，从整体上确定了论题的走向，随之展开层层论述；其次，对各高校学生管理模式进行分析，先提出问题，多角度进行解读，进而给出合理的建议；最后，深度解析高校学生管理工作遇到的问题，通过各章节的分析，尝试构建关于高校学生管理工作的系统研究体系。通过理论与案例分析，探索信息时代高校学生管理工作的方式方法，使读者能够更为深刻地理解信息时代高校学生管理工作的模式。

感谢创作过程中给予帮助的同僚，因为有了他们的不懈努力与精益求精的专业精神以及对笔者的鼓励，才使《信息时代高校学生管理模式的转变及创新》成书，呈现在读者面前。撰写中难免存在不足之处，希望得到各位同行及专家的批评指正。